유진아

네가 태어나던 해에

아빠는

이런 젊은이를 보았단다

유진아

네가 태어나던 해에

아빠는

이런 젊은이를 보았단다

신문 「청년의사」 편집국 엮음

[청년]
의사

그게 신의 손길이 아니고 무엇이랴

박완서

이 나이까지 반나절 정도는 몸을 움직이는 일을 하고 반나절 정도는 머리를 쓰는 일을 지속적으로 하고 있으니 건강하다 할 것이다. 그러나 나도 50대 후반에 성인병의 방문을 받았고 아직까지 잘 지니고 살고 있다. 성인병 덕에 나도 주치의를 갖게 됐고, 일단 믿고 맡긴 주치의 외에는 아무에게도 병 자랑을 하지 않기 때문에 아무도 내 병을 눈치 채지 못하고 정정하다 부러워하니 그만하면 건강을 자랑해도 좋을 듯싶다.

지병 덕으로 주기적으로 주치의를 만날 수 있어서 나는 내 경미한 지병을 오히려 고마워하고 있다. 내가 알기로 나는 주치의 알기를 신(神)처럼 여기고 있는 것 같다. 흔히 신의 영역이라 알려진 생로병사(生老病死)의 고비마다 나에겐 좋은 주치의가 있었다. 30년대 벽촌에서 태어났기 때문에 나를 받은 건 한 동네 사는 노파와 친할머니였다고 한다. 그 노파는 우리 동네는 물론 인근 동네의 아기들을 수도 없이 받아왔지만 단 한 번의 실수도 없어서 거꾸로 나오던 아이도 그 노파의 손길만 닿으면 스르르 몸을 돌려 바로 나온다고 소문이 나 있을 정도였다니 우리 고장의 명 산부인과의라고 할 만했다. 뿐만 아니라 사례는 넉넉한 집에서는 쌀 됫박 정도, 가난한 집에서는 아무 것도 안 받고 그 어려운 산바라지를 했다니 마음 또한 따뜻하고 인자한 분이셨을 것 같다. 그분에 비하면 우리 할머니는 간호사 정도였을 것이다.

내가 이 세상에서 첫 대면한 얼굴은 엄마도 할머니도 아닌 그런 당대의 명의의 얼굴이었다. 아마 죽을 때도 그러할 것이다. 내 속으로 난 자식이라고 임종의 자리에 다 모여 있으란 법은 없다. 부모의 임종보다 더 급하고 중요한 일이 하고많은 복잡한 세상이다. 그래도 주치의는 지키고 있을 것이다. 그는 거의 신의 능력으로 임종의 시간을 알아 맞추고 임종의 고통을 덜어줄 것이다. 그리고 정말로 죽었다는 걸 유족에게 알려줄 것이다. 아직 죽어보지 않아서 잘은 모르지만 의사가 옆에 없으면 불완전하게 죽을까봐 조마조마해서 제대로 숨을 못 거둘 것 같다. 그게 신의 손길이 아니고 무엇이랴. 바라건대 내 임종을 지켜줄 의사의 손길이 따뜻하길.

여기 모아놓은 의사들의 체험담은 죽을 목숨을 살린 이야기보다는 못 살린 이야기가 더 많다. 최선을 다한 보람보다는 과연 최선을 다했을까 하는 자책과 회한을 숨김없이 고백한 글이 있는가 하면, 이봉기 의사(醫師)의 글처럼 우리가 현재 누리고 있는, 무지(無知)의 편안함을 참담하고 부끄럽게 만드는 글도 있다. 이런 다양한 체험담들이 하나같이 감동스러운 것은 그래도 의사라는 집단만은 마지막까지 우리편이라는 걸, 즉 인간의 편이라는 걸 믿을 수 있게 해주었기 때문이라고 생각한다.

그렇다고 내가 믿고 내 몸을 맡긴 의사를 신처럼 여기는 마음이 변한건 아니다. 그건 내가 믿는 신을 내가 아쉬울 때마다 스스럼없이 하느님 아버지라고 부를 수 있는 것이, 그가 기적을 많이 행해서도 죽은 이들 가운데서 유일하게 부활했기 때문도 아니고, 생전에 너무도 여실히 드러낸 인간적인 약점, 배고픈 것도 잘 참지 못하고, 고향에서 알아주지 않는다고 섭섭해하고, 번연히 죽을 줄 알면서도 피땀 흘려 살기를 애걸한 점 때문인 것과 같은 이치이다. 소설가로서 하고 싶지 않은 얘기지만 소설보다 재미있게 읽었다.

목 차

5   추천의 글 | 박완서

10   청년의사의 눈물 | 김명주
22   명의(名醫) | 임만빈
32   꼽추물고기 | 채명석
40   유진아, 네가 태어나던 해에 아빠는 이런 젊은이를 보았단다 | 이봉기
52   마음이 따뜻했던 돈 | 박창수
60   동행 | 이 혁
70   살아있음을 감사하며 | 정경헌
78   약속 | 서승오
88   외기러기 | 임창석
96   촌지에 대한 묵상 | 한일용
105   114병동에서 | 성지동
114   나도 그렇게 아름다울 수 있을까? | 김탁용
122   유성우 떨어지던 날 | 최영아
141   의사 아닌 하루, 이틀 | 정경헌
149   두 남자가 가슴을 부둥켜안고 | 김종철

유진아

네가 태어나던 해에

아빠는

이런 젊은이를 보았단다

유진아

네가 태어나던 해에

아빠는

이런 젊은이를 보았단다

신문 「청년의사」 편집국 엮음

[청년
의사]

그게 신의 손길이 아니고 무엇이랴

박완서

이 나이까지 반나절 정도는 몸을 움직이는 일을 하고 반나절 정도는 머리를 쓰는 일을 지속적으로 하고 있으니 건강하다 할 것이다. 그러나 나도 50대 후반에 성인병의 방문을 받았고 아직까지 잘 지니고 살고 있다. 성인병 덕에 나도 주치의를 갖게 됐고, 일단 믿고 맡긴 주치의 외에는 아무에게도 병 자랑을 하지 않기 때문에 아무도 내 병을 눈치 채지 못하고 정정하다 부러워하니 그만하면 건강을 자랑해도 좋을 듯싶다.

지병 덕으로 주기적으로 주치의를 만날 수 있어서 나는 내 경미한 지병을 오히려 고마워하고 있다. 내가 알기로 나는 주치의 알기를 신(神)처럼 여기고 있는 것 같다. 흔히 신의 영역이라 알려진 생로병사(生老病死)의 고비마다 나에겐 좋은 주치의가 있었다. 30년대 벽촌에서 태어났기 때문에 나를 받은 건 한 동네 사는 노파와 친할머니였다고 한다. 그 노파는 우리 동네는 물론 인근 동네의 아기들을 수도 없이 받아왔지만 단 한 번의 실수도 없어서 거꾸로 나오던 아이도 그 노파의 손길만 닿으면 스르르 몸을 돌려 바로 나온다고 소문이 나 있을 정도였다니 우리 고장의 명 산부인과의라고 할 만했다. 뿐만 아니라 사례는 넉넉한 집에서는 쌀 됫박 정도, 가난한 집에서는 아무 것도 안 받고 그 어려운 산바라지를 했다니 마음 또한 따뜻하고 인자한 분이셨을 것 같다. 그분에 비하면 우리 할머니는 간호사 정도였을 것이다.

내가 이 세상에서 첫 대면한 얼굴은 엄마도 할머니도 아닌 그런 당대의 명의의 얼굴이었다. 아마 죽을 때도 그러할 것이다. 내 속으로 난 자식이라고 임종의 자리에 다 모여 있으란 법은 없다. 부모의 임종보다 더 급하고 중요한 일이 하고많은 복잡한 세상이다. 그래도 주치의는 지키고 있을 것이다. 그는 거의 신의 능력으로 임종의 시간을 알아 맞추고 임종의 고통을 덜어줄 것이다. 그리고 정말로 죽었다는 걸 유족에게 알려줄 것이다. 아직 죽어보지 않아서 잘은 모르지만 의사가 옆에 없으면 불완전하게 죽을까봐 조마조마해서 제대로 숨을 못 거둘 것 같다. 그게 신의 손길이 아니고 무엇이랴. 바라건대 내 임종을 지켜줄 의사의 손길이 따뜻하길.

여기 모아놓은 의사들의 체험담은 죽을 목숨을 살린 이야기보다는 못 살린 이야기가 더 많다. 최선을 다한 보람보다는 과연 최선을 다했을까 하는 자책과 회한을 숨김없이 고백한 글이 있는가 하면, 이봉기 의사(醫師)의 글처럼 우리가 현재 누리고 있는, 무지(無知)의 편안함을 참담하고 부끄럽게 만드는 글도 있다. 이런 다양한 체험담들이 하나같이 감동스러운 것은 그래도 의사라는 집단만은 마지막까지 우리편이라는 걸, 즉 인간의 편이라는 걸 믿을 수 있게 해주었기 때문이라고 생각한다.

그렇다고 내가 믿고 내 몸을 맡긴 의사를 신처럼 여기는 마음이 변한 건 아니다. 그건 내가 믿는 신을 내가 아쉬울 때마다 스스럼없이 하느님 아버지라고 부를 수 있는 것이, 그가 기적을 많이 행해서도 죽은 이들 가운데서 유일하게 부활했기 때문도 아니고, 생전에 너무도 여실히 드러낸 인간적인 약점, 배고픈 것도 잘 참지 못하고, 고향에서 알아주지 않는다고 섭섭해하고, 번연히 죽을 줄 알면서도 피땀 흘려 살기를 애걸한 점 때문인 것과 같은 이치이다. 소설가로서 하고 싶지 않은 얘기지만 소설보다 재미있게 읽었다.

목 차

5   추천의 글 | 박완서

10   청년의사의 눈물 | 김명주

22   명의(名醫) | 임만빈

32   꼽추물고기 | 채명석

40   유진아, 네가 태어나던 해에 아빠는 이런 젊은이를 보았단다 | 이봉기

52   마음이 따뜻했던 돈 | 박창수

60   동행 | 이 혁

70   살아있음을 감사하며 | 정경헌

78   약속 | 서승오

88   외기러기 | 임창석

96   촌지에 대한 묵상 | 한일용

105   114병동에서 | 성지동

114   나도 그렇게 아름다울 수 있을까? | 김탁용

122   유성우 떨어지던 날 | 최영아

141   의사 아닌 하루, 이틀 | 정경헌

149   두 남자가 가슴을 부둥켜안고 | 김종철

김철환 | 겨울 동백꽃 157

이중근 | 산 도적, 눈뜨다 166

정만진 | Thank you, thank you, thank you! 174

조수근 | 단월(丹月)이야기 184

반건호 | 죽음 배우기 196

박종두 | 출산, 그 아름다운 고통 204

박민수 | 동전 한 닢의 진실 212

이병화 | 애흔(愛痕) 수술 223

정일진 | 만남 229

임일환 | 진중(陣中)사이 240

양호진 | 기와에 담는 마음 하나 247

변재경 | 이방인 259

이상래 | 병원놀이 270

황동규, 정영문, 손정수 | 심사평 280

이왕준 | 발간사 290

청년의사의 눈물

그 때 나는 오랜만에 1년차 레지던트 임선생의 허락을 얻어 인턴 숙소에서 눈을 붙이고 있었다. 인턴이라면 다 그렇듯 나 역시 누적된 수면 부족으로 온몸이 흠씬 두들겨 맞은 것처럼 아팠다.

그리하여 침대에 쓰러지자마자 곧 혼곤한 잠의 늪 속으로 빠져들었다. 그런데 잠결에 이명(耳鳴)처럼 아득하게 전화벨 소리가 들려왔다. 나는 눈을 뜨고 전화기를 찾았다. 그것은 인턴의 본능이었다. 새벽 3시. 전화기는 성난 개처럼 요란하게 짖어대고 있었다.

"여보시오."

내 목소리에는 졸음과 반항기가 묻어 있었다. 모처럼 곤히 자는 사람을 또 깨우느냐는 항변이었다.

"소아과 인턴 선생님이죠?"

"그런데요."

"3년차 선생님 긴급호출 입니다."

간호사의 목소리는 차가운 물처럼 내 목덜미를 타고 흘러내렸다. 그녀는 무슨 일이냐고 묻기도 전에 전화를 끊어 버렸다.

"음 ···." 저절로 신음이 터져 나왔다.

나는 납덩이처럼 무거운 몸을 일으켜 가운 단추를 잠갔다. 감히 3년차 선생의 호출을 거부 할 수 있는 인턴은 이 세상에 없다.

'내 팔자에 편히 잠자기를 고대했다니···.'

환자는 병동에서 극성파 아버지로 유명한 박인철 씨의 네 살배기 아들 지수였다. 하늘같은 3년차 선생은 내게 배깅(bagging)을 하라고 지시하고 ICU(중환자실) 환자들을 봐야 한다며 가버렸다. 지수는 며칠 전부터 폐렴으로 인한 호흡곤란과 심장마비 증세를 보여 기도삽관(목에 튜브를 넣어 숨쉬게 하는 시술)을 하고 있는 상태였다. 배깅은 그 튜브에 연결된 고무백을 규칙적으로 눌러 인공호흡을 시켜주라는 지시였다.

얼굴이 석고상처럼 굳어 있는 지수 아버지는 차마 보기 딱할 정도였다. 그는 잠시도 아들의 곁을 떠나지 않고 자기가 할 수 있는 최선을 다해 아들을 간호하고 있었다. 아이는 위독한 상태였으며 나는 정신을 가

다듬고 배깅을 시작했다.

1시간이 흘렀다. 무거운 쇳덩이가 눈꺼풀을 내리누르는 것 같은 졸음을 참아가며 배깅을 계속했다. 엎친 데 덮친다고 아이는 선천성 심장병에 백혈병까지 있었다. 그래서 수술도 하지 못하고 이 병원 저 병원 전전하다 1년 전부터 우리 대학병원에 입원과 퇴원을 반복하고 있었다. 엄마는 없었으며 아버지가 주로 간호를 했고, 고모라는 아주머니가 가끔 다녀가곤 했다.

지수 아버지는 악명 높은 보호자였다. 얼굴은 얽었으며 군대에서 다쳤다는 한쪽 다리를 저는 40대의 사내였다. 오랜 노동생활로 인해 투박한 모습이었으나 지수는 눈이 크고 피부가 하얗고 귀공자처럼 예쁘게 생겼으며 영리했다. 그래서 간호사들도 지수는 예뻐했지만, 그 아버지를 대하기는 꺼려했다. 의료진을 보통 들볶는 것이 아니었기 때문이다. 나도 마찬가지였다. 지수 아버지는 툭하면 나를 쫓아왔다. 아이가 열난다. 기침했다. 토했다. 수액이 안 들어간다. 잘 안 먹는다. 소변을 못 본다. 주사는 언제 놓아주느냐…. 별것도 아닌 일로 바쁜 인턴을 불러 세우는 것이었다.

"이 병원에 환자가 지수 하나가 아니잖아요. 그만 좀 얘기하세요."

"가 계세요. 어떻게 아저씨 아들만 하루 종일 보고 있어요?"

"저, 점심 저녁 다 굶었어요."

나나 간호사들이 핀잔을 주고 성질을 부려도 막무가내였다. 더하면 더했지 조금도 덜한 것이 없었다. 필사적이었다. 간호사들과 싸움도 수 없이 했다. 간호사들은 아예 표독스러운 '승냥이 아저씨' 라고 불렀다.

"똑바로 해."

1년차 선생이 내 등을 쿡 찌르고 갔다. 나는 깜짝 놀라 백 잡은 손에 힘을 넣었다. 두 시간이 흘렀다. 이제 졸음은 달아났지만 격심한 피로가 파도처럼 밀려왔다. 세 시간이 흘렀다. 껍질이 벗겨져 나가는 것처럼 손바닥에 불이 났으며 손가락이 아파 왔다. 하지만 두 눈을 부릅뜨고 감시하고 있는 지수 아버지와 수시로 왔다 가는 1년차와 3년차 선생과 간호사들 사이에서 나는 꼼짝달싹 할 수 없었다.

지수 아버지가 물수건을 갈아줘야 한다며 나갔을 때 아이가 잠시 몸을 비틀며 눈을 떴다. 나는 깜짝 놀랐다. 지수는 말간 눈빛으로 무언가 찾는 듯하더니 다시 스르르 눈을 감았다. 나는 배깅을 계속했다. 물수건을 갈아온 지수 아버지에게 아이가 잠시 눈을 떴다는 말을 하려다 그만뒀다. 잘못 얘기했다가는 더 극성을 부릴 것이었다.

네 시간이 지나고 다섯 시간을 넘어서고 있었다. 나는 탈진 상태였다. 지겨웠다. 어깨와 다리가 뻣뻣하게 굳어가는 것 같았다. 날이 밝은 지 오래였다. 할 일이 태산같이 밀려 있었다. 수많은 입원환자들의 채혈, 정맥주사, 검사 결과 확인, 차트정리, 오더(order) 정리, 회진 준비 등.

그런데 이 짓을 계속하고 있으니, 아침은 물론이요 점심, 저녁까지 굶고 또 날밤을 새우게 될 판이었다. 내가 할 일을 누가 대신 해줄 것도 아니었다. 아이가 이미 소생 가능성이 없다면 이 지루한 게임이 빨리 끝나고 모든 장비가 철수되기를 나는 바랬다. 어차피 소생 가능성이 희박하다면 왜 이런 무의미한 시술을 계속한단 말인가. 아이가 죽을 것이면 빨리 죽어서 일찍 끝나는 것이 모두에게 유익이 아닌가. 나는 백 잡은 손에 힘을 빼고 그저 건성으로 눌러댔다. 아이는 이미 숨을 거뒀는지도 모른다. 보호자의 충격을 줄이기 위해 배깅을 계속 시키고 있는지도 모른다는 생각이 들었다.

3년차 선생이 심전도를 찍어 가지고 갔다.

"제대로, 똑바로 해."

3년차 선생은 내게 다시 주의를 환기시키고 갔다. 인턴은 어디 무쇠 강철 기계란 말인가. 나도 쓰러질 지경이었다. 손가락이 굳어버리는 것 같았다. 윗사람들이 보고 있을 때는 힘을 넣어 배깅했지만 보는 사람들이 없을 때는 그저 형식적으로, 기계적으로 하는 체 했다. 빨리 끝나기만 바라며 배깅을 했다.

마침내 아침 10시가 되었다. 무려 7시간 동안 배깅을 했다. 그리고 10시가 조금 넘어 치프(4년차 수석전공의) 선생과 담당교수가 왔다. 담당교수는 아이를 다시 면밀히 청진해 보고 플래시로 눈의 동공 반사를 보고 심전도를 확인했다. 그리고는 마침내 사망 선고를 내린 후 고개를 숙인 채 어두운 얼굴로 내려갔다. 그러자 기다렸다는 듯 아이의 몸에 붙어 있던 모든 기계장치들과 수액병과 폴리 카테터(도뇨관) 등이 일시에 제거됐다.

그 광경을 지켜보던 지수 아버지의 손에서 툭하고 물수건이 떨어져 내렸다. 이제 그는 눈물도 말라 있었다. 아이는 침대 위에 축 늘어진 알몸의 시신으로 누워 있었다. 지수 아버지의 하얗게 소금꽃 핀 뺨 위로 흐르는 것은 눈물이 아니라 허망함이었다. 그의 입술은 바싹 마르고 갈라져 있었다.

병동에는 침묵이 흘렀다. 나는 허탈했다. 예상은 했지만 이렇게 끝나 버린 것이었다. 죽음은 무참한 단절이었다. 이 세상과의 단절이었고 아버지와 아들의 단절이기도 했다. 벌써 오더리(병원 잡일을 해주는 남자직원) 아저씨들이 하얀 시트를 가지고 와 덮으려고 하였다. 시신을 영안실로 내리기 위해서였다.

"자, 잠깐만요."

지수 아버지가 제지했다.

"선생님, 아들을 제가 집으로 데려 가겠습니다. 잠깐만 시간을 주십시오."

그러더니 핏기 없는 지수의 창백한 이마에 아버지의 부르튼 입술이

서서히 내려 앉았다. 하얀 뺨과 푸르스름한 입술 위에도. 그리고 하얀 뺨 위로 구슬처럼 '툭' 하고 눈물이 떨어져 내렸다. 태어나서 한 번도 운동장을 마음껏 뛰어본 적도, 장밋빛으로 빛나본 적도 없는 아들이었다. 행여나 깨질세라 소중히 끌어안았다.

나는 부끄러웠다. 목이 메어왔다. 그가 속으로 얼마나 많은 눈물을 쏟아내고 있는지 우리는 알지 못한다. 병동은 침묵으로 고요했으며 간호사들도 눈물을 닦아내고 있었다. 간호사들의 수런거리는 소리가 들려왔다.

"지수 아빠 너무 딱하다 ···."

얼굴이 얽은데다 다리까지 절어 연애는 꿈도 못 꿔보고 막노동판으로 전전하며 돈을 모아 마흔이 넘어 중매로 결혼했다는 것이었다. 지수 엄마는 지수를 낳은 직후 산후출혈로 죽었으며 아버지가 혼자 키웠다는 것이었다. 그나마 고생 고생해서 모은 돈도 지수 하나 살려보려고 병원비로 다 날렸고 그래도 마지막 한 가닥 지수에게 희망을 걸었는데···.

지수 고모가 커다란 가방에 지수의 소지품을 정리해서 가지고 나왔다. 고모도 쉴 새 없이 눈물을 훔쳐내고 있었다. 한참을 흐느끼던 지수 아버지가 천천히 몸을 일으켰다.

"선생님들, 간호사 아가씨들, 그 동안 너무 수고 많이 하셨습니다. 고맙습니다."

오랜 세월 노동으로 굳은살 박인 손등을 들어 눈물을 훔쳐낸 후 다시 고개 숙여 인사했다.

오더리 아저씨가 지수의 몸에 흰 시트를 덮어줬다. 나도 그저 꾸벅하고 지수 아버지에게 답례했을 뿐 아무 할 말이 없었다. 이윽고 그가 아들을 끌어안고 한쪽 다리를 절룩이며 멀어져 갔다. 고모와 오더리 아저씨들이 그 뒤를 따라갔다.

수고했다며 잠시 쉬고 오라는 3년차 선생의 말이 끝나기 무섭게 나는 도망치듯 병동을 빠져 나왔다. 그리고 인턴숙소로 올라와 침대 모서리에 앉아 허탈한 탄식에 젖어 있었다.

얼마나 시간이 흘렀을까? 누군가 문을 두드렸다. 오더리 아저씨였다.

"인턴 선생님, 이거 지수 아버지가 선생님께 전해 드리라더군요. 그리고 그 동안 수고 많이 하셨고 어제 밤에 고생 많이 하셨다고, 고맙다는 말씀 꼭 전해 달라고 하셨어요."

음료수 한 박스와 봉투를 전해준 오더리 아저씨가 힘없이 돌아갔다.

나는 흰 봉투를 펼쳐 보았다. 만 원짜리 지폐가 가득 들어 있었다. 왈칵 눈물이 쏟아졌다. 눈물은 침대에 쓰러져 주먹으로 입술을 틀어막아도 걷잡을 수 없이 쏟아졌다. 의학의 한계를 얘기하기 전에 내가 최선을 다했는지 부끄러웠다. 환자와 보호자는 나를 신뢰하고 있었는데 내가 좀 더 열심히 했더라면, 좀 더 정성을 기울였더라면, 세상에는 기적도 있는 것인데, 지수가 살아났을지도 모른다는 죄책감이 들었다.

그리고 잠시나마 아이가 빨리 죽기를 바랐던 비겁하고 사특한 마음을 용서할 수 없었다. 내게 진정 의사의 자격이 있는가. 밤새 안절부절 물수건을 만들어다 아들의 이마를 닦아주던 지수 아버지의 모습이 뇌리에서 떠나지 않았다.

'그는 지금쯤 아내와의 추억이 투명한 빛살처럼 떠도는 집안 어느 구석엔가 지수를 뉘어놓고 그 작은 몸뚱어리를 정성껏 닦아주고 있을지도 모른다.'

나는 견딜 수가 없었다. 밖으로 나왔다. 내가 이런 돈을 받을 자격이 있는가. 돈 봉투는 병원 사무처를 통해 심장병 어린이 돕기 재단에 보내 달라고 맡겼다. 그리고 병원 앞 화원에서 장미꽃 한 다발을 사서 지수가 누워 있던 침대 머리맡에 갖다 놓았다.

침대 바닥에 뭔가 떨어져 있었다. 지수가 가지고 놀던 장난감 헬리콥터였다. 비행기 날아가는 흉내를 내며 까르르 웃어대던 지수의 모습이 떠올랐다. 나는 헬리콥터를 장미꽃 옆에 놓았다. 지수는 하늘로 올라가 천사가 되었을 것이다.

그리고 2주가 지났다. 바쁜 병원 시스템 속에서 이제 지수에 대한 아픔도 서서히 아물어가고 있었다. 그 즈음 지수 고모가 찾아왔다. 지수의 사망 진단서를 끊으러 왔다는 것이었다. 고모 역시 수심에 가득 찬 얼굴이었으며 우울해 보였다. 나는 1년차 선생의 지시로 진단서를 대필해 주고 있었다.

"지수 장례는 잘 치렀나요? 화장하셨나요?"

내가 물었다.

"아니요 지수 아빠가 어린 지수가 얼마나 뜨거워 하겠냐며 엄마 곁에 묻었어요."

"그랬군요."

나는 고개를 끄덕였다.

"지수 아빠는 잘 지내시나요? 아무 한 일이 없는 저에게 돈까지 주고 가시다니 너무 송구스럽군요."

"무슨 말씀이세요. 선생님께서 얼마나 열심히 치료해 주셨는데요."

"그래, 어디 직장에 나가시나요?"

그러자 고모는 손수건을 꺼내더니 눈물을 닦아냈다.

"지수 아빠는 지수 묻고 사흘만에 약 먹고 목숨을 끊었어요."

"예? 예…."

나는 온 몸이 그대로 굳어버리는 것 같았다.

"지수 아빠가 …."

"지수 없는 세상 너무 쓸쓸하고 허전해서 견딜 수가 없다며, 지수 곁에 함께 묻어 달라는 유서를 남기고…, 생각하면 불쌍한 동생이에요."

나는 어떻게 진단서를 써주고 고모가 어떻게 돌아갔는지 기억이 없다. 나는 그대로 어두컴컴한 인턴 숙소로 올라와 문을 걸어 잠그고 소리 내 울었다.

나는 두 사람을 죽게 만들었는지도 모른다. 아물어가던 상처는 더 큰 아픔으로 다가왔다. 불행하게 떠난 한 가족을 생각하며 나는 얼마나 많이 울었는지 모른다. 내가 혼신의 힘으로 최선을 다했더라면 이렇게까지 가슴이 아프지 않았을지도 모른다. 나는 울고 또 울었다.

'진정 지수 아빠만큼 환자인 지수에게 나는 사랑을 쏟았는가.'

모든 환자들을 그렇게 사랑할 수 있을 때, 비로소 나는 의사가 될 수 있을 것이었다.

나는 입술을 깨물었다. 병동에서 또 나를 호출하고 있었다. 나는 밖으로 나왔다. 멀리 히포크라테스 흉상의 두 어깨가 저녁 빛에 젖어 있었다. 나는 히포크라테스 선서의 구절을 가슴속에 새기고 또 새겼다.

나는 내 능력을 다하여 환자를 위할 것이며…

…나는 순결과 경건으로 나의 생애를 보낼 것이며 의술을 시행할 것이다.

…나는 순결과 경건으로 나의 생애를 보낼 것이며….

글쓴이 김명주는 48세의 가정의학과 전문의로 부여에서 김명주의원을 개원하고 있다. 그는 1984년 충청일보 신춘문예에 소설이 당선되어 문단에 데뷔하였으며, 장편소설 '메디칼 스토리'와 '소설 서의보감'을 발표한 바 있다. 그는 앞으로도 훌륭한 의사상과 휴머니즘을 구현하는 글들을 계속 써보겠다고 한다.

명의(名醫)

오늘은 11월 25일이다. 늦가을이다. 왜일까? 뒤를 돌아보고 싶은 생각이 드니 말이다. 연구실 창문 밖으로 떨어지는 낙엽 소리가, 환청 (幻聽)이 되어 너무나 시끄러워서일까? 아니면 내 머리 속 깊은 혈관 속에, 세로토닌(신경전달물질의 일종)의 함량이 높아져서인가?

내년이면 의사가 된 지 30년이 된다. 의사생활도 늦가을에 접어든 것 같다. 생각나는 환자는 많지만, 호전돼 퇴원한 환자보다 아쉬웠던 환자, 경과가 좋지 않았던 환자만 기억된다. 신경외과란 그런 곳이다. 뇌에 이상이 생긴 환자들을 수술하는 곳이니, 어찌 모든 환자가 수술 후 정상으로 회복되겠는가?

그는 나보다 한 살 많은 환자였다. 1980년대 중반, 머리가 아파 촬영한 뇌전산화단층촬영(CT)에는 좌측 측두엽에 뇌농양이나 뇌종양을 의심케 하는 병소가 발견되었다. 수술을 시행했다. 아주 악성 암인 교모세포종(膠毛細胞腫)이었다. 그는 투덜거렸다. 내 매형이 이 병원 유명한 과장인데, 그렇게도 머리가 아파 CT를 찍어 본다고 해도 말리더니….

그는 그 후 2년을 살았다. 1년 반은 증상 없이 살았고, 4개월은 재발한 종양 때문에 머리가 아파 고생하며 살았고, 2개월은 무의식 상태로 가끔씩 발작 증세를 보이면서 살다가 가버렸다.

수술 후 그는 1주일에 한 번 또는 여러 번 시도 때도 없이 내 진찰실이나 연구실로 찾아 왔다. 바쁠 때에도, 한가한 때에도, 그는 수시로 왔다. 어떤 때는 듣지도 보지도 못한 양주 한 병을 들고, 어떤 때는 넥타이를 사 들고, 어떨 때는 내복도 사 들고…. 나는 물었다. 왜 자꾸 오느냐고? 그는 대답하였다. 그저 온다고. 그 후 나는 알았다. 그가 불안하면 나를 찾아오고, 나에게 의지하고 있다는 것을 ….

우리 둘은 대체로 죽이 맞았다. 학교생활, 사회생활을 하면서 많은 사람들을 만나도 이상스럽게 좋아 친구가 되는 사람도 있고, 싫어 친구가 되지 못하는 사람도 있다. 이유는 아무도 모를 것이다. 마찬가지로 우리 둘도 이유를 모르면서, 서로 죽이 맞아 친구가 됐다. 그렇게 1년 반 동안 우리는 잘도 지냈다. 그는 증상이 없으니 다 치유된 것처럼 생각했고, 나도 종양이 재발될 것이라는 것, 즉 당신이 곧 죽을 것이라는 점을 일부러 강조하지 않았다. 그 후 그가 머리가 아프다고 하였다. 그도, 그리고 나도 종양이 재발한 것을 알고 있었다. CT를 시행한 바, 종양이 미만성(漫性)으로 재발돼 어떻게 할 수 없는 상태가 됐다. 그는 자주 심한 두통을 호소했다. 그를 내 진찰실이나 연구실에서 보는 횟수가 늘어갔고, 간격은 짧아만 갔다. 나는 그에게 말했다. 성당에 가라고, 가서 기도하라고 …. 그의 아내는 착실한 카톨릭 신자였다.

그 후 그는 두 번 성당에 갔다고 한다. 기도도 했다고 한다. 그러나 두통은 마찬가지였다고 했다. 나는 그의 사라져 가는, 점점 저 세상 어둠 속으로 스며드는 여정을 지켜보고 있었다. 머리가 아파 괴로워하고, 스테로이드 때문에 모습이 흐트러지고, 발작으로 그의 자존심이 엉망이 되는 과정을 ….

이 때 나는 그의 주치의가 아니었다. 그저 절친한 친구였다. 그가 머리가 아프면 나도 머리가 아팠고, 그가 발작을 하면 내 몸도 뒤틀렸다. 6개월 동안 우리는 같이 허물어졌다. 마지막에는 떨어졌지만.

그 후 나는 악성 뇌종양 환자는 수술하지 않기로 했다. 그 후 나는 환자와 우정의 관계를 맺지 않기로 결심했다. 냉정하게 결정했고, 냉정하게 환자와 보호자를 대했다. 수련의들에게도 냉정을 요구했다. 환자를 볼 때 냉정하라. 왜 가족의 치료는 다른 동료 의사에게 맡기는가? 왜 부

탁 받은 환자, 브이 아이 피(VIP) 환자는 수술 후 경과가 양호하지 않고 합병증이 잘 생기는가? 이는 환자에서 생기는 증상이나 징후 같은 사실을 정확히 수집, 분석, 판단해 치료하지 않고, 부탁 받았다는 사실, 치료가 잘 돼야 한다는 강박관념, 안쓰럽고 불쌍해 수술과 같은 위험한 방법보다는 손쉬운 방법을 찾다가, 수술시기를 놓치거나 치료 방법을 잘못 선택해 그런 결과가 초래되지 않는가? 심장에 철판을 깔아라. 환자와 감정의 끈을 만들지 마라. 그렇게 20여 년 가까이 흘렀다. 나는 많은 환자를 수술했다. 모 월간지가 선정하는 명의(名醫) 대열에 끼기도 했다.

나는 촌에서 태어났다. 아직도 부모님은 촌에 계시다. 촌에서 의과대학을 졸업시키기가 쉬웠겠는가? 그것도 30여 년 전에. 내가 졸업하고 전문의가 되고 의과대학 교수가 됐을 때, 부모님은 내가 얼마나 자랑스러웠겠는가? 80년대 초 어느 여름에 휴가를 얻어 집에 가니, 많은 사람이 모여 있었다. 아버지는 아주 자랑스럽고 믿음직스럽게 나를 소개했다. 제 자식입니다. 아픈 데 있으면 자세히 이야기하세요. 좋은 화제(和劑)를 내서 그 약만 먹으면 다 좋아질 것입니다. 촌 병원하고는 다를 것입니다. 부모님은 자랑하고 다녔을 것이다. 동네에, 옆 동네에, 그리고 아버지가 그리도 열심히 나에게 등록금과 하숙비와 용돈을 부치려고 자주 다녔던 면사무소 근처의 농협에 근무하는 직원에게도 ….

나는 말이야, 밥만 먹으면 속이 더부룩한데 어떤 약을 먹으면 될까? 글쎄요. 내과 병원에 가서서 일단 진찰 받으시고 필요하면 위(胃) 내시경도 해보시는 것이 좋을 것 같은데요. 나는 말이야, 무릎이 아픈데 어떤 약을 먹으면 될까? 글쎄요. 정형외과 병원에 가서서 일단 진찰을 받으시고 사진도 찍고 하셔야 될 것 같은데요.

아버지와 어머니는 더 이상 그 자리에 없었다. 아버지와 어머니가 기대했던 것은, 삼국지(三國志)에 나오는 화타(華陀)같이, 내가 그들의 모든 병이 치유되는 처방을 단숨에 간단히 적어 주는 것이었다. 적어도 13년 동안, 의과대학 입학부터 군대를 마치고 의과대학 전임강사가 되어 여기에 올 때까지, 부모님한테는 그렇게도 힘들고 참기 힘든 긴 시간을, 그들은 그러한 희망으로 살아 왔고, 그 희망을 먹으면서, 그 희망에 몸을 기대면서, 그들의 몸을 지탱해 왔을 것이다.

결국 나는 아무 처방도 못하였다. 옆에는 약사인 아내가 있었다. 딱하게 보였던 모양이다. 아내가 대답해 준다. 그런 경우는 이런 약을 사 드세요. 저런 경우에는 저런 약을 드세요. 나도 그 자리를 떴다. 걸었다. 신경외과 의사인 나는, 대학병원에서 신경외과 중 혈관질환을 다루는 나는, 그들에게는 아무런 소용이 없는 그런 사람이었다. 차라리 필요한 사람은 내가 아니고 아내였다. 적어도 아내는 그들에게 말할 수 있었다. 그런 경우, 어떤 약을 먹는 게 좋으며, 어떤 음식을 피하는 게 좋으며, 어떤 음식을 먹는 게 좋다고 ….

그 후 아버지, 어머니는 다시는 동네 사람을 모으지 않으셨다. 두 분이 신경외과가 어떤 분야인지 알고 나서 그러셨는지, 혹은 여러 사람 앞에서 자식 체면을 더 이상 손상시키기 싫어서인지 모르지만, 하여튼 그 이후에는 비슷한 일은 반복되지 않았다.

나이가 드시니 부모님이 자주 아프시다. 80이 넘으신 분들이다. 특히 어머니는 자식들을 위해 모든 골수(骨髓)를 뽑아내신 분이라, 더 자주 불편해하신다. 허리가 아프고 무릎이 안 좋으시다. 어머님을 병원에 모시고 와서 CT도 찍고 자기공명영상(MRI) 사진도 찍었다. 척추를 전공하는 신경외과 교수도 봤고, 무릎 전공하는 정형외과 교수도 진찰했다. 결론은 이미 나 있었다. 나이가 드셔서, 나이가 드시니 퇴행성 변화가 와서, 그래서 아픈 것이고, 뾰족한 치료 방법도 없다는, 너무나 당연하고, 이미 어머니도 잘 알고 있는 사실이, 다시 한번 더 어머니에게 확인됐을 뿐이었다.

그 후 어머니는 나에게 허리나 무릎이 아프다고 하시지 않는다. 불편하지 않느냐고 전화 드리면 매번 괜찮다고, 걱정하지 말라고 하신다. 어둡고 컴컴한 통 안에 들어가 30분 동안이나, 굽은 허리가 펴지지 않아서 고생하면서, 자세가 바르지 않다고 주의를 주는 방사선 기사의 눈치를 살피면서, 그렇게 MRI 사진을 촬영한 이후에는, 다시는 병원에

오려 하지 않으셨다. 비록 자식이 근무하는 병원이라 할지라도, 쪼글쪼글한 얼굴과 농사일에 찌든 어머니의 모습이, 멸시는 아니라도 결코 대접받고 있지는 않다는 사실을, 또한 그러한 모습이 교수로 있는 자식의 체면에 조금도 도움되지 않는다는 사실을, 어머니는 알고 있었다.

지난 여름 휴가 때 고향에 갔다. 어머니가 절뚝거리며 외출 차비를 하고 계셨다. 어머니, 어디 가시는데요? 응, 다리가 아파 뼈 주사 맞으러 간다. 뼈 주사 그거 스테로이드와 마취제 섞는 것이라 몸에 좋지 않은데요? 그래도 그거 맞아야 산다. 맞으면 금방 낫는다. 어떤 때는 일주일 정도 가지만 어떤 때는 한 달, 두 달 끄떡없다. 벌써 5년째 맞고 있다.

나는 뼈 주사 놓는 분을 잘 알지 못한다. 나는 그 분을 본 적도 없다. 내가 어머니가 병원에 갈 때 따라가서 그 분을 볼까도 생각해 봤지만, 그 분이 불편해하실까 싶어 아직 그 분을 만나 뵙지 못했다. 내가 그 분에 대해 알고 있는 사실은, 그 분이 70이 넘은, 전문의가 아닌 일반의사라는 것, 내 고향에서 약 5km 정도 떨어진 곳에 조그만 의원을 개업하고 있다는 것, 어머니가 가시면 반갑게 맞이해 준다는 것, 어머니와 세상 돌아가는 얘기도 하면서 어머니의 아들이 의과대학 교수라고 하는데 왜 거기 가서 고치지 않으시느냐고, 약간은 계면쩍어하며 주사를 놓아주신다는 것, 주사를 맞는 어머니의 마음이 그렇게도 편안할 수 없다는 것 등이다.

농사일에 찌든 얼굴이 무슨 상관인가? 쭈글쭈글하고 검게 변해버린 피부 색깔이 무슨 문제인가? 농사일에 찌든 얼굴은 콩 심은 데 콩 나고 팥 심은 데 팥 난다는 땅의 정직성을 얘기하는 것이 아닌가? 검게 변해버린 피부 색깔은 밝게 빛나는 태양 앞에 한 점도 감춤 없이 내비치며 살아온 팔십 평생의 떳떳함을 나타내는 것이 아닌가?

어머니의 마음속에는 명의가 있을 것이다. 나는 확신한다. 어머니의 마음속에 들어 있는 명의는, 명의 열전에 끼어 있는 자식도, 자식이 추천해준 유명한 대학병원 교수도 아니라는 사실을 ….

명의란 누구인가? 심장에 철판 깔고 환자에 대한 증상 및 징후를 냉정히 분석, 판단해 많은 환자를 치료하는 사람이 명의인가? 의학이란 넓은 분야에서 1%도 안 되는 좁은 전공분야에서 조금 깊은 지식을 갖고 논문 몇 편 외국 잡지에 발표하면, 그는 명의가 되는가? 지금까지 명의라고 지칭되는 사람들은 의사의 입장에서 판단해 정해진 것이 아닌가?

어머니는 가르쳐 주신다. 명의란 의사의 입장에서 환자를 치료하는 사람이 아니고 환자의 입장에서 치료하는 의사라는 것을 ….

늦가을이다. 날씨가 차다. 어머니의 허리와 무릎이 괜찮으신지 전화
드려야겠다.

글쓴이 임만빈은 55세의 신경외과 전문의로, 현재 계명대 동산병원 교수이며, 대한
뇌혈관학회 회장을 맡고 있다. 문학청년이었던 그는 지난 30여 년간 문학이란 사치
를 누리지 못하고 지내 왔음을 안타까워하며 오랜만에 글을 썼다고 했다. 그는 상
금으로 어머니께 목도리를 하나 사 드려야겠다고 했다.

꼽추물고기

특별한 당신만을 위해 준비했습니다

　이렇게 적힌 플래카드를 멍하니 바라보며 한참 동안을 서 있었다. 도시 한복판에 자리한 우아한 '롯데 캐슬'이라는 아파트 모델 하우스 앞에서, 나는 어디를 가고 있다는 것도 잊은 채 '특별한 당신'이 되어 감상에 젖어 있었다.

　격주로 하는 노숙자 진료에 가는 길이었다. '롯데 캐슬'에 쪽방을 짓는다면 과연 몇 개나 지을 수 있을까? 사실 나도 노숙자 진료를 하기 전에는 쪽방이 어떤 곳인지 알지 못했다. 쪽방은 IMF 이후 노숙자들이 얻어 사는 한두 평 크기의 방을 말한다. 보증금 없이 일세 5천원 혹은 1만원이었고 월세로는 15만원이었다. 무료 봉사를 한답시고 별다른 준비도 없이 노숙자 쉼터 '사랑의 그루터기'를 찾은 우리는 오래지 않아 그곳까지 찾아와 진료를 받을 사람은 많지 않다는 사실을 알게 됐다. 저녁이 되면 그들은 대부분 술을 마시거나 그냥 지쳐 쓰러져 잠들어 버리기 때문이었다.

　그 여자를 본 것은 쪽방에서 직접 방문 진료를 하던 첫날이었다. 두 평도 안 되는 좁은 방에서 그녀는 휴대용 가스버너에 라면을 끓이고 있었고, 그녀의 남편인 듯한 사내는 지직거리는 고물 텔레비전을 만지작거리고 있었다. 언제 감았는지도 모를 헝클어진 머리, 검게 그을린 얼굴, 금방이라도 흘러내릴 것 같은 빛 바랜 청색 체육복, 어눌한 말투…. 방안에서는 생선 썩는 듯한 냄새가 진동을 했고, 온갖 잡동사니들이 흩어져 정신을 차릴 수 없었다. 그 한가운데에서, 얼굴에 웃음기라곤 전혀 남아 있지 않은 여자는 눈만 끔뻑거리며 우리를 바라보고 있었다. 그것은 굶주림에 지친 짐승의 눈빛을 연상케 했다. 순간, 나는 텔레비전에서 본 장면을 머리에 떠올렸다. 꼽추물고기였다. 등뼈가 절로 굽어질 만큼 삭막한 환경 속에서도 목숨만은 유지해 가고 있는, 그 잔인하고 끈질긴 생명력을 지닌 채 살아가는 물고기의 모습.

　그녀에게서 유난히 시선을 끄는 것은 터질 듯 부풀어 오른 배였다. 금방이라도 새로운 생명이 가죽을 찢고 터져 나올 것 같이 위태로운 배를 보는 순간 임신이란 고귀한 것이 아니라 참담한 업보처럼 느껴졌다. 생명의 존귀함과 그 생명을 싸안고 있는 처참한 현실. 그 이율배반적인 삶의 이치가 그녀의 몸에 마구 뒤섞여 있었다.

"지금 저녁 준비하세요?"

인사치레로 나는 그녀에게 말을 건넸다. 그러나 그녀는 내 말에 전혀 관심을 보이지 않았다.

"배가 많이 부른 것 같은데, 산전 진찰은 받고 계세요?"

그 말에 그녀는 비로소 관심을 보이기 시작했다. 나를 바라보는 그녀는 의외로 젊었다. 어림잡아 삼십대 초반쯤 돼 보였다.

"몇 개월 되셨어요?"

그녀는 또다시 고개를 숙였다. 배를 보니 산달이 다 된 듯했다. 보글보글 끓고 있는 냄비뚜껑을 열자, 금방 그녀의 안경에 뿌옇게 김이 서렸다. 그녀는 라면을 반으로 쪼개어 물 속으로 밀어 넣었다.

"어디 아픈 데는 없어요? 이 쪽방에서는 언제부터 사신 거예요?"

나의 연이은 질문공세에도 그녀는 묵묵부답이었다.

그녀가 말문을 연 것은 힘겹게 이뤄진 진찰이 끝난 다음이었다. 진찰이라야 혈압과 맥박을 재는 것이 전부였다. 그녀는 임산부가 주의해야 할 것은커녕, 열 달만에 아이가 태어난다는 사실도 모르지 않을까 싶을 정도로 지적 능력이 떨어져 보였지만, 아이에 대한 본능적인 집착은 대단한 듯했다. 그녀와 사내가 만난 것은 지난 겨울 부산역에서 노숙자

생활을 할 때라고 했다. 그들이 함께 살게 된 것은 누가 먼저 그러자고
청한 것도 아니고 저절로 이뤄진 일이었다.

사내는 무심한 얼굴로 텔레비전 고치는 일에만 열중했다. 내가 여자
의 몸을 진찰하고 얘기를 나누는 동안 그는 전혀 내색을 하지 않았다.
한눈에 보아도 그는 착한 사람인 듯했다. 나는 남자에게 아이는 어떻게
낳을 거냐고 물었다. 하지만 그들은 아무런 준비도 돼 있지 않았다. 그
들이 우연히 노숙 생활을 하다가 함께 살게 된 것처럼, 아이에 대한 어
떤 계획이나 준비도 돼 있지 않았다.

"낳긴 낳아야 되는데 ….".

사내가 어눌한 말끝을 흐리며 말했다. 여자는 봉지를 잘라 스프를 넣
고 몇 번 젓가락으로 라면을 젓더니 뚜껑을 닫았다. 그리고는 꼭 해야
할 말이 있는 사람처럼 사내와 나를 번갈아 바라보았다.

"우리 아긴데, 꼭 낳아야 해요!"

여자는 오금이라도 박듯 그렇게 말하고는 입을 꼭 다물었다. 따지는
듯 묻는 내 말투가 그녀의 마음을 상하게 했을지도 모를 일이었다. 하
지만 나는 아이를 낳는 것이 얼마나 큰일인 줄 아는지 묻고 싶었다. 이
런 상태에서 어떻게 키울 것인지도 묻고 싶었다. 그들을 보면서 살아가
는 것이 조금씩 죽어가는 것과 다름없다는 생각을 하게 된 내게, 아이
에 대한 그녀의 집착은 작지 않은 충격이었다. 하루에도 수많은 생명이

낙태로 죽어가는 것이 현실 아닌가? 하지만 그녀는 꼭 아이를 낳아 기르기를 고집하고 있었다. 금방이라도 무너져내릴 것 같은 두 평 남짓한 쪽방에서 그녀는 새 삶을 간절히 소망하고 있었다. 그녀는 남자와 마주앉아 라면을 먹기 시작했다. 라면에 신 김치와 단무지가 전부인 때늦은 저녁식사였다.

오붓해 보이는 그들의 식사시간을 방해하고 싶지 않아 서둘러 방문을 나섰다. 방 입구에는 어디에서 구했는지 잿빛 곰 인형 하나가 웅크리고 앉아 있었다. 세상의 가시를 보듬고 사는 것 같은 그녀에게 아이는 어떤 의미일까? 전혀 예상치 못했던 일로 인해 혼란스러웠다. 그들과의 대화 끝에 여자의 뱃속 아이에 관한 비밀을 알아버렸기 때문이었다. 그 아이는 사내의 아이가 아니었다. 세상의 누군가가 정신이 온전치 못한 그녀를 덮쳐 만들어 놓은 아이였다. 그 씨앗을 여자와 사내가 쪽방에서 라면을 먹어가며 돌보고 있었다.

그 날의 방문 진료는 그것으로 끝내버렸다. 솔직히 더 이상 다른 사람을 만날 자신이 없었다. 진료를 마치고 가는 길에 바라본 모델하우스에는 '특별한 당신을 위해 준비했습니다' 라는 문구가 여전히 뚜렷한 눈초리로 나를 바라보고 있었다. 그들도 매일 이 앞을 지나며 '롯데 캐슬'에 걸린 이 문구를 보았을 것이다. 특별한 당신. 이 모진 세상에서 마냥 부대끼며 목숨을 부지하는 그들에게 '특별한 당신' 이라는 말은 결코 재현

되지 말았어야 할 고통의 상형문자였을지도 모른다는 생각이 들었다.

나는 당장 그녀가 치료받을 만한 곳을 찾기 위해 여기저기 알아봤다. 저소득층을 위한 병원인 부산의료원이 있긴 하지만, 행려자인 그들이 이용하기는 쉽지 않았다. 다음날 내가 그녀를 데리고 간 곳은 송도에 있는 구호병원이었다. 아이를 낳은 후에도 계속 남아 산후조리를 할 수 있는 곳이었다. 진찰을 받고 난 다음날 그녀는 사내아이를 낳았다. 하루만 늦었더라면 아이는 어떻게 되었을까?

며칠 뒤에 내가 갔을 때, 그녀도 아이도 건강해 보였다. 아이를 들여다보며 너무나 좋아하는 그녀의 모습을 보노라니 입가에 절로 웃음이 고였다.

"아기 이름이 태환이에요. 애 낳기 전에 아빠가 지어줬어요."

묻지도 않았는데 자랑하듯 가르쳐주며 그녀는 연신 싱글거렸다. 태환, 박태환…, 몇 번을 되뇌어 보아도 잘 어울리는 이름 같았다.

그녀는 우리가 있는 것도 개의치 않고 가슴을 헤쳐 아이에게 젖을 물렸다. 젖이 너무 많이 나오는지, 아이는 이따금씩 고개를 돌렸다. 그때마다 아이의 얼굴에 쏟아진 젖을 닦아주느라 여자는 정신이 없었다. 빛바랜 분홍색 환자복에 통통 부어있는 얼굴을 한 채 아이에게 젖을 물리고 있는 모습은 세상에서 가장 행복한 아기엄마 얼굴 그 자체였다. 누가 보아도 거리를 배회하던 노숙자로는 보이지 않았다. 매끈한 진화의

도식 속에서 돋아난 돌연변이—꼽추물고기 같던 그녀가 이뤄낸 사랑의 결실은 청명한 하늘을 바라보며 서 있는 해바라기처럼 아름다워 보였다.

글쓴이 채명석은 39세의 외과 전문의로 현재 부산 당감제일외과의원 원장이다. 그는 이 글로 인해 받은 상을 태환이네 가족에게 주는 멋진 선물이라고 생각한다며, 상금을 태환이네 가족을 위해 쓰고 싶다는 소망을 밝혔다.

유진아, 네가 태어나던 해에
아빠는 이런 젊은이를 보았다

2002년 6월 29일 토요일. 나는 터키와의 월드컵 3, 4위전을
앞두고 축제 분위기 끝물의 애틋함이 괜히 섭섭해서 이런저런 월드컵
이야기를 동료들과 노닥거리며 퇴근 준비를 하고 있었다. 그러나 웬걸,
갑자기 구내방송이 나오고 어수선한 분위기…. 이윽고, TV에서는 연평
도 앞바다에서 양측 해군간에 교전이 있었다는 보도가 흘러나오고 있
었다. 국군수도병원 전 군의관을 비롯한 장병들은 퇴근을 미루고 대기
상태로 남겨졌고, 그렇게 한 시간 정도를 보낸 후 헬기를 통해서 환자
들을 후송중이라는 소식이 들리는 가운데 필요 인원만 남기고 나머지
는 퇴근하라는 명이 떨어졌다. 그 날, 외과계 군의관들이 입대 이후 미
증유의 수고를 하였음은 물론이다. 내과 군의관들을 찾지 않음을 다행

으로 여기며 귀가한 나를 아내와 뱃속의 아가가 반겼다. 점심식사를 하며 흘깃거리던 TV에는 사망자들을 비롯해서 많은 부상자들이 발생했다는 뉴스가 흐르고 있었다.

다음날인 일요일 아침. 만삭인 아내와 함께 아침식사를 하던 나는 병원에서 온 전화를 받았다. 어쩐지, 쉽게 퇴근할 수 있었던 것이 찜찜하더라니….

'내과를 찾을 일이 뭘까?'

이유인즉, 경상자 중에서도 배의 화재로 인한 연기 때문에 폐손상을 입은 환자들이 있어서 내과 군의관의 손길이 필요하다는 것이었다. 출근한 뒤 들어선 중환자실의 분주함은 수도병원 근무 후 처음 접하는 광경이었다. 응급수술을 마치고 누워 있는 중상자가 즐비했고 팔다리를 잃은 장병들도 눈에 띈다. 콧등이 시큰거렸다. 평화로운 대한민국에서 이게 웬 난리인가. 저 창창한 청춘들을 어찌 하라고 ….

화재로 인한 흡인손상이 의심되는 환자들을 봐주고 담당배정을 한 후 내 환자인 오중사의 몸에 박혀 미처 제거되지 않은 파편과 총알조각을 손닿는 대로 마저 빼냈다. 14mm 기관총 탄두가 깨진 채로 등 뒤를 뚫고 들어가 방광을 찢고 사타구니 근처의 피부 밑에 묻혀 있었다. 피부를 절개하고 탄두를 끄집어내니 반 동강이 난 것이 어딘가에 부딪친 후 튀어 들어간 듯했다. 그나마 경상 축에 속하던 그에게서 들은 이야기는

사뭇 처절했다.

북방한계선을 넘어 남쪽으로 계속 내려오는 북쪽 배를 가로막고자 참수리 357호는 배 옆구리로 적선의 진로를 막는 '차단기동'을 하고 있었다 한다. 차단기동이 무시무시한 이유는 서로간에 배의 옆구리를 고스란히 노출시키게 된다는 점이다. 이건 피차간에 절대 공격하지 않으리라는 믿음을 전제로 한다. 그런데 그게 아니었으니…. 남하하던 북의 배가 방향을 틀며 옆으로 도는 순간 우리 장병의 눈에는 포탑을 돌려 조준하고 있는 인민군들이 보였다.

'어, 쟤네들 왜 저래?' 하는 순간 적의 85mm포가 불을 뿜었고 가까이 붙어 있던 우리배 함교(조타실)가 명중 당했다. 이후 우리 포탑들이 차례로 가격 당했다. 이 때 함교와 포탑에 위치하던 장병들이 전사했다. 우리와 같은 전자조준장비도 없이 수동으로 조준하는 북쪽 함정이라는 것을 생각하면 이는 우리를 노리고 미리 공격계획을 가진 상태에서만 가능한 일이라는 것이다.

이렇게 되어서 중앙 통제실인 함교가 무력화되고 대응 사격할 수 있는 포탑이 날아간 상황에서 어려운 전투를 벌이게 됐고, 유명한 이야기지만 권모 상병 같은 경우는 왼손이 날아간 상태에서 오른손만으로 M60 기관총을 발사하는 투혼을 보였던 눈물나는 전투는 이렇게 시작되었다. 더욱이 황당한 것은 피격 당한 참수리 357호가 계속 당하고 있는 동안 급히 접근한 참수리 358호에서 북측 경비정에 포탄을 퍼부어 댔지만 그 상황에서도 북측 경비정은 오로지 357호만 공격했다는 것이다. 상식적으로 더 위협적인 상대를 먼저 공격해야 하는 것이거늘, 침몰시키겠다고 작정을 했던 모양인지 '난 한 놈만 패' 식의 공격에 의해 357호는 결국 가라앉아 버린다. 당연히 북측 경비정은 옆에 있던 358호에 의해 신나게 두들겨 맞아서 침몰되는 것만 겨우 면하고 퇴각했고, 이후 들리는 이야기로는 북측 사망자만 30명 이상이라 한다. 같은 민족끼리 내가 더 많이 죽였네, 겨루는 것은 또 다른 비극이지만, 그래도 ….

그렇게 오전을 보낸 가운데 오중사 맞은 편 침상에서 생존자 중 가장 많이 다친 박동혁 상병을 접하게 된다. 건장하고 준수한 청년이었는데 의식은 없었고 인공호흡기가 달려 있었으며, 내가 군대 온 이래 목격한, 가장 많은 기계와 약병을 달고 있는 환자였다. 파편이 배를 뚫고 들어가서 장을 찢었고, 등으로 파고 들어간 파편은 등 근육과 척추에 박혀 있었으며, 등과 옆구리는 3도 화상으로 익어 있었다. 오른쪽 허벅지에도 길쭉한 파편이 박히고, 전신에 총상과 파편창이 즐비했다.

"쟤는 …, 왜 저렇게 다쳤어요?"

옆 침상에 누워 있던 부정장 이중위가 입을 열었다. 그는 포탄에 맞아

왼쪽 발목이 부서져 절단술을 끝낸 상태였고 그 옆에는 한참을 울었는지 눈이 발그레 부어오른 젊은 아가씨가 앉아 있었다. 약혼자란다.

"우리 배의 의무병 녀석인데 부상자들 처치한다고 몸을 아끼지 않고 뛰어다니다가 그랬습니다."

참수리 357호의 의무병이었던 박상병은 첫 포탄에 조타실이 깨지면서 파편에 쓰러진 정장 윤영하 대위를 몸으로 덮고 함교 계단 아래로 끌고 내려가 심폐소생술을 시도했으나 방탄조끼 밑으로 줄줄 흐르는 핏물을 보며 소용없음을 깨닫고는 다시 나가서 여기 저기 쓰러지는 전우들을 치료하기 위해 몸을 숨기지 않고 뛰어다녔다. 총을 쏘는 전투병은 당연히 엄폐물에 몸을 숨긴 채로 사격을 하게 마련이지만, 부상병을 찾아 이동해야 하는 의무병은 전투 시 실상 가장 위험한 처지에 놓이는 것이다. 총탄에는 눈이 없다.

이야기를 듣자 울컥했다. 멋진 놈 …. 그런데, 이게 뭐냐.

상태는 굉장히 안 좋았다. 출혈이 엄청나서 후송당시부터 쇼크 상태였고, 수술하는 동안에도 엄청난 양의 수혈이 필요했다. 정형외과와 외과 군의관들이 달려들어 가능한 대로 파편과 총탄을 제거하고, 장루를 복벽으로 뽑고, 부서진 오른쪽 허벅지 혈관을 이어놓은 상태였다. 엄청난 외상으로 인한 전신성 염증반응 증후군(SIRS)으로 인해 혈압이 쉽사리 오르지 않아 결국 순환기내과 전공인 나도 박상병과 인연을 맺게 된다. 스완 갠쯔 도자(폐동맥에 집어넣는 특수 카테터)를 삽입하고 수액과 승압제로 혈압을 힘겹게 유지해 나가는 가운데, 후송 당시부터 있었던 쇼크에 의한 급성신부전 때문에 신장내과 동료도 힘을 합해 혈액투석을 지속했고, 외상성 급성호흡부전증후군(ARDS)이 속발해 호흡기내과 동료도 합류한다. 방광손상이 발견되어 비뇨기과 동료도 합세하고, 부비동의 문제가 생겨 이비인후과 군의관도 손을 더했다. 건장했던 박 상병은 다행히도 질긴 생명력을 보여주었고, 그 나날 속에서 나는 평소 테니스 친구, 술친구들에 다름 아니었던 동료 군의관들이 실은 대단한 의사들이었음에 새삼스러워했다.

'너는 반드시 살려낸다!'

박상병의 숭고한 행동을 여러모로 전해들은 우리 군의관들은 암묵적으로 동감하고 있었다. 이기심으로 질펀한 세월을 뚫고 오면서 형편없이 메말라 버린 내 선량함에 박상병의 회생은 한 통의 생수가 되어 줄 것만 같았다. 뭔가 해줄 수 있다는 것…. 레지던트 기간 동안 수없이 지새웠던 하얀 밤들과 바꾸어 들인 중환자관리의 기술이 스스로에게 너무나도 기꺼웠다. 하지만, 감염부위에서 녹농균과 메치실린 내성 포도상 구균이 배양되면서 소위 항생제의 마지막 보루라 일컬어지는 이미페넴, 반코마이신, 아미카신으로 배수진을 치게 되었다. 오르내리는 체온에 일희일비하는 가운데 전신상태는 조금씩 호전되고 있었지만 오른

쪽 다리가 서서히 차가와지며 색이 죽기 시작했다. 부서졌던 혈관이 문제가 생긴 모양이었다. 결국, 고관절 부위에서의 절단이 이루어져야 했고, 사타구니 아래쪽의 오른다리는 그렇게 사라졌다. 사지 손실이 감정적 아쉬움에 지나지 않는 사건이 아님을 누구나가 알고 있었지만, 다른 길이 없었다. 아픈 마음과 괜스런 죄책감은 그나마 생명이 지속된다는 사실로 슬그머니 달래 버렸다.

그렇게 3주를 지내며 더 이상의 발열도 없었고 등과 옆구리의 화상부위 및 관통창에는 발간 육아조직이 자라나오고 있었다. 수술 부위의 상처들도 자리가 잡혔다. 인공호흡기도 멈추었고, 기도절개를 미루며 버텨오던 기도관도 제거해 버렸다. 박상병이 말을 할 수 있게 된 것이다. 그러나 그 사이 비쩍 말라버린 박상병은 정신을 차리면서 오히려 군의관들을 더욱 힘들게 했다. 그가 현실을 서서히 깨닫게 되면서 차 오르는 불안과 공포와 절망감이 입으로 표현될 수 있었기 때문이다.

아직도 주렁주렁 매달린 약병 사이에서 부서진 육체로 꼼짝 못하고 누워 흐느끼는 젊은 장정을 바라보는 일은 너무나도 불편했다. 정신과 군의관이 나서서 많은 도움을 주었지만, 그 역시 박상병의 망가진 육체와 앞으로 닥치게 될 고난들을 대신해 줄 수 없음은 그도 알고 있었을 것이다. 어쨌든 박상병은 그렇게 회복되어 갔고 그사이 오중사는 방광수술을 위해 비뇨기과로 옮겨지고, 부정장 이중위도 정형외과 일반병실로 옮겨졌다. 박상병도 서해교전 환자들 중 가장 늦게 중환자실을 빠져나와 외과병동으로 옮겨지게 되었다. 가장 위중했던 그의 회복으로 인해 서해교전으로 인한 전투시의 사망자 외에 추가 사망자는 단 한 명도 나오지 않았고, 이에 고무된 병원 측에서는 수고했던 군의관들에게 포상으로 위로휴가를 주었다.

많은 젊은이들에게 고통스러운 사건에서 파생된 개인적 호사여서 마음이 불편했지만, 내가 어쩔 수 있는 일도 아니라며 자위를 했다. 따지자면 6·25 동란, 경술국치까지도 거슬러 올라가야 할 일이라고 ….

그렇게 얻어진 휴가로 나는 아내의 출산을 옆에서 지켜볼 수 있었다. 세상이 어떻게 돌아가든 내 딸의 첫 모습을 대한 순간만큼은 광막한 우주 속에 나와 아이, 단 둘만이 존재하는 감각이었다. 그때까지의 내 삶이 순전히 그 순간만을 위한 것이라 해도 아깝지 않을 것 같았다. 다시금 현실로 돌아와서도 배냇짓을 하는 딸아이에게 풍덩 빠져 한참을 허우적거리는 사이에 또 한 달 정도가 흘렀다.

어느 날, 박상병이 다시 중환자실로 내려졌다는 이야기를 들었다. 의식이 나빠져서 CT를 찍어보니 뇌실질 전반에 걸친 세균감염이 의심된다는 것이었다. 예의 그 배수진용 항생제들은 계속 사용되고 있던 중이었고, 중환자실에서 다시 만난 박상병은 완연히 수척해진 모습으로 인공호흡기와 약병들에 또다시 생명을 매달고 있었다. 새로 개발된 항생제를 민간에서 구매해 사용하기도 했지만 패혈성 쇼크가 이어지며 걷잡을 수 없이 무너져, 결국 9월 20일 금요일 새벽 그 젊은 심장은 마지막 박동을 끝냈다.

이틀 뒤 가족의 오열 속에 우리 병원에서 영결식이 거행되고 박병장(진급했다…)은 대전국립묘지에 묻혔다. 충무무공훈장도 수여됐다. 하지만 그는 꿈꿔왔을 나머지 인생을 하늘로 가져가야 했고, 그의 부모님은 아들을 잃었다. 그를 만났던 군의관들의 가슴에도 구멍이 났다.

옴짝달싹 못하는 역사의 틀 속에서 내가 어찌 할 수도 없는 노릇이고 인류사에 전쟁이 없어지는 일은 아마도 없겠지만, 한 선량한 젊은이의 아까운 죽음을 옆에서 지켜봐야 했던 일은 말할 수 없는 무력감을 안겨주었다. 나도, 내 주위의 사람들도 남이 일으키는 전쟁에 인생을 맡겨야 할 수도 있는 초라한 존재들일 뿐이었다. 군의관 생활을 하면서 바라본 전쟁은 더욱 두려운 모습으로 저 멀리 서 있다. 아득하게 서 있지만 언제 달려들지 모르는 그의 섬뜩한 실루엣을 본다. 갖가지 대의명분으로 치장을 해도 전쟁은 부서지는 육체와 영혼을 제물로 삼아야만 한다. 전장에서 맞닥뜨려야 할 맹목적인 폭력. 그리고 잇따르게 될 수많은 이의 비극. 이를 막기 위한 소위 '전쟁억지력'을 키우기 위해 수많은 젊은이를 군인으로 만들고, 더 많은 무기를 갖추어야 하는 또 다른 아이러니 ….

그렇게, 가을을 보내던 중 병원 앞 산책로에서 이중위와 그의 휠체어를 밀고 있는 약혼녀를 만났다. 처음 중환자실에서 발목 잘린 모습을 대하던 날의 우울했던 첫인상이 무색하게도 그들은 밝은 모습이었다. 이중위는 의족보행 연습을 시작한 뒤였고, 퇴원 후 다시 해군으로 복귀해 사무직에서 복무할 예정이었다. 그들의 결혼도 예정대로 이뤄질 것이란다.

삶은 계속되기에 여전히 아름답다.

글쓴이 이봉기는 35세의 내과 전문의로, 지금은 전역하여 서울아산병원 심장내과에서 일하고 있다. 이 글이 인터넷을 통해 퍼지면서 유명세를 치렀다. 글쓰기와 사진 찍기를 무척 좋아하는 그는 전투의 경험을 통해 폭력의 가장 거대한 형태인 전쟁의 비참함을 실감했다고 하며, 자신에게 너무도 무거웠던 동혁이의 실존 무게를 공감해 주는 모든 이들에게 고마움을 표했다.

마음이 따뜻했던 돈

"어디가 불편해서 오셨어요?", "자궁암 검사를 하러 오셨습니까?"로 시작된 것이 그 환자와의 첫 만남이었다.

40대 후반에서 50대 초반으로 보이는 마음씨 좋게 생긴 여자여서 일반적인 암검사를 하러 오신 분들 중의 하나이려니 하며 던진 질문이었다. 젊었을 때는 상당히 고운 얼굴이었을 것이라고 짐작되는 그 분은 쉽게 말을 꺼내지 못하고 약간 망설이다가 입을 열었다. 자기 나이가 49살인데 생리가 몇 달째 나오지 않아서 폐경이 되려나보다 하고 기다렸는데 아랫배도 나오는 것 같고 느낌이 너무나 이상해서(여자들은 이런 느낌에 아주 예민하고, 이런 느낌이 실제로 맞을 때가 많다) 집에서 혹시나 하고 검사를 했는데 임신이라는 것이었다. 그래서 확실하게 검사를 해보고 싶어서 왔다는 것이다. 아이는 아들만 둘 있는데 이미 다 커서 하나는 대학생이고 하나는 고3이었다.

가끔 소변 검사가 틀리는 경우가 있기 때문에 정확한 확인을 위해서 초음파 검사를 했더니 과연 임신이었다. 대략 6개월 정도였고 태아는 잘 자라고 있었다. 나이가 상당히 들었기 때문에 초음파도 신경 써서 보았지만 태아에게 특별한 이상은 없었다. 그래서 환자는 일단 그 날은 검사만 하고, 나중에 남편과 함께 다시 오겠다는 말을 남기고 집으로 가셨다. 상당히 고민스러워하는 표정이었다. 환자가 가고 난 후 생각해도 과연 그녀가 어떤 결정을 할지 알 수 없었다(가끔은 생활고나 다른 이유 때문에 아이를 포기하는 사람이 있으니까).

2주일 후에 그 환자는 맘 좋게 생긴 남편과 함께 다시 병원을 방문했다.

"원하는 아이도 아니었고 현재 우리 처지로는 더 이상 아이를 낳기를 자신이 없지만, 하늘이 주신 선물이라는 생각이 들어 낳기로 했습니다."

이미 아이들도 흔쾌히 찬성을 했다는 것이었다. 한편으로는 '참 화목한 가정이구나, 좋은 결정을 내렸구나' 하는 생각이 들었고, 한편으로는 고민이 됐다. 산부인과 의사로서 많은 산모를 대했지만 솔직히 너무 노산이고 터울이 많아 별다른 합병증 없이 아이를 낳을 수 있을까 하는 걱정 때문이었다. 그러나 일단 결정을 했기 때문에 다시 자세하게 초음파 검사를 했고, 노산이라 태아의 염색체이상을 염려하지 않을 수 없어서 양수 검사를 권했다. 그러나 형편상 비싼 양수 검사 비용을 감당하기 어렵다면서 '어쨌든 하늘이 주신 선물이니까 감사하게 받겠다'고 해, 양수 검사는 하지 않았다. 또 여러 가지 위험성 때문에 '대학병원이나 다른 큰 병원으로 가서 진료를 받는 것이 어떠냐'는 말도 했었지만, '큰 병원은 복잡해서 싫다'고 해서 일단은 계속 다니기로 했다.

그 때부터 한 달에 한 번씩 꾸준히 검사를 받으러 오셨고, 속으로야 걱정이 없는 것도 아니겠지만 환자나 남편이나 올 때마다 항상 웃는 얼굴이었다. 그 웃는 얼굴을 대할 때마다 '건강한 아이를 낳을 때까지 모든 것이 잘 돼야 할 텐데' 하는 걱정이 앞섰다. 진료하는 동안 너무 다양한 경우를 많이 봐왔기 때문이었다.

사실 분만이라는 것은 환자나 가족에게도 힘든 일이지만 의사인 우리의 입장에서도 아이가 건강하게 태어날 때까지 끊임없는 스트레스를 받는 일이다. 그렇게 정성을 다했어도 결과가 뜻하지 않는 방향으로 나오는 수가 있는데, 그럴 때 그 동안 관계가 좋았던 환자, 보호자와 우리와의 관계가 순식간에 철천지원수가 되는 것을 흔히 봤기 때문이다. 그럴 때마다 산부인과를 했던 것을 후회하고 심할 때는 사람 자체에 대한 정나미가 뚝뚝 떨어지지만(그래서 실제로 산부인과를 그만둔 사람도 있다), 힘들게 분만해서 예쁜 아이를 안고 가는 모습을 보면 거기에서 작은 보람을 느끼게 되고 다시 일상으로 복귀하게 된다.

태아는 건강하게 잘 커줬고 산모도 특별한 합병증 없이 잘 지내고 열 달째를 맞이하게 됐다. 낳을 달이 되자 환자도 평소의 웃던 모습에 약간 긴장된 모습이 더해졌고, "제가 잘 낳을 수 있을까요?", "너무 오래 돼서 기억도 안 나고 …"라고 걱정하기 시작했다. 나는 오히려 "걱정 마세요, 딴 사람은 몰라도 아주머니는 잘 낳을 수 있을 겁니다"라며 올 때마다 계속 자신감을 심어주려고 노력했다. 그러나 남편은 따로 불러서 제대로 설명을 해줬다. 사실 분만이라는 것이 아주 위험하다고만 볼 수는 없지만 이번 경우는 다르다. 젊은 사람도 산후 자궁이완이나 태반 유착 등으로 출혈이 심한 경우가 있다. 만약 그런 경우에는 수혈을 해야 하며 자궁적출이나 감염 또는 극한 상황도 생길 수 있는데 산모의 나이가 많은 경우에는 더욱 그런 위험이 높다 …. 물론 각각의 경우에 어떻게 대처할 것인지에 대해서도 설명을 했다. "그럴 줄 알았으면 처음부터 아이를 낳지 말걸 그랬나요?"하는 남편에게 "어쨌든 귀한 생명이니까 서로 잘 해서 좋은 결과를 기대하자"며 위로하였다.

마침내 규칙적인 진통이 시작된 어느 날 환자는 병원에 왔고, 통증이 올 때마다 상당히 고통스러워하는 모습을 보였지만 잘 이겨냈다. 진찰해 보니 아직은 분만이 많이 진행된 것이 아니지만 진통이 규칙적이고 노산이라 입원을 하게 하여 아기의 심장 박동과 진통강도를 모니터하기 시작했다. 산모들을 대하다보면 병원이 떠나갈 듯이 소리 지르는 사람, 남편을 옆에 앉혀놓고 당신 때문이라며 욕하는 사람, 친정 엄마 앞에서 못하겠다고 하소연하는 사람, 진통은 별로 없는데도 아파서 죽겠다며 빨리 수술해 달라는 사람 등등 별의별 사람이 있는데 이 분은 그냥 "상당히 힘드네요"하면서 참을성이 대단했다.

계속 태아의 심장박동을 체크하면서 자궁 문이 열리기를 기다렸지만, 절반 정도 진행된 후에는 더 이상 진행되지 않고 산모는 점점 힘들어했다. 젊은 산모라면 더 기다려서 질식분만(보통은 자연분만이라고 한다)을 시도하겠지만 노산의 경우 너무 무리하게 되면 산후 자궁 이완으로 출혈이 심해 위험할 수 있기 때문에 산모와 남편에게 수술해야겠다는 설명을 했다. 모두 첫 마디에 동의를 했고, 곧바로 응급 수술을 하게 됐다.

요즘에는 수술해야 할 상황이 되어 환자와 보호자에게 설명을 했을 때 바로 동의하는 경우가 드물다. "끝까지 해 볼래요", "남들은 잘만 낳던데 왜 우리 아이는 수술하느냐", "그러면 처음부터 고통 없이 수술하지 왜 이제 와서 그런 소리를 하느냐" 등의 서로 다른 이유로 반대하기 일쑤고, 수술에 동의한다 해도 아주 떨떠름한 표정들이다. 그런데 이 분들은 내 판단을 믿고 그냥 따랐다. 그래서인지 수술은 순조롭게 끝나서 3.5kg의 건강한 딸을 출산했고 출혈도 많지 않았다. 회복실로 옮기고 나서도 오히려 젊은 사람보다 회복이 빨랐고, 나중에 병실로 옮겨서도 바로 걸어다니고 식사도 금세 했다. 환자가 회복하는 데도 의료진을 믿는 마음과 또 긍정적인 마음가짐이 상당히 중요하다는 것을 다시 한 번 깨달았다.

그렇게 해서 5~6일이 지나고 퇴원 날이 되었는데, 남편이 조용히 면담을 원했다. 그는 자신이 혼자 벌어 가계를 꾸려나가는 빠듯한 살림이지만 아이가 생겨서 귀한 선물이라 생각하고 받기는 받았다면서 말을 이었다. 정상분만을 할 것으로 예상하고 겨우 돈을 준비해 놓았는데 수술을 하게 돼서 돈이 모자란다고 했다. 속으로만 고민하던 그가 어렵게 꺼낸 이야기는 일단 있는 것만 주고 나머지는 나중에 사정이 되는대로 갚으면 안 되겠냐는 것이었다.

그 말을 듣자 몇 개월 전의 기억이 떠올랐다. 젊은 산모가 집안 사정이 딱하다고 하기에 "그럼 일단 아이부터 낳고 돈은 조금씩 갚으세요"라고 전혀 돈을 받지 않고 보낸 일이 있었던 것이다. 그 젊은 산모는 몇 달이 지난 지금까지 전화 한 통이 없었다.

기분이 썩 개운치는 않았지만, 그 동안 서로간에 친밀감이 어느 정도 형성된데다 오늘까지 환자와 남편이 잘 믿고 따라준 것이 고맙기도 해서 그냥 그렇게 하기로 하고 퇴원을 시켰다.

나는 다시 일상으로 돌아왔고, 환자에 대한 기억은 점차 희미해졌다. 그런데 어느 날엔가 퇴근 무렵 간호사가 와서 돈을 건넸다. 그 환자의 남편이 그동안 벌었던 돈이라며 오천원 짜리 석 장과 만원 짜리 넉 장을 황급히 주고 가셨다는 것이다. 그걸 받아든 순간 돈이라기보다 추운 겨울 날 불에 구워 건네주는 따뜻한 돌멩이처럼 느껴졌다. 어떻게 보면 너무나 당연한 일인데 요즘에는 당연한 일이 귀하게 느껴지기만 하니까. 어쨌거나 그렇게 몇 번에 걸쳐서 수술비를 다 내셨고 마지막 날에는 산모와 함께 아기까지 데리고 오셔서 정말 감사하다는 인사를 몇 번이나 하고 가셨지만 사실 고마운 것은 나였다. 어려워만 가는 요즘의 진료환경에서 저런 사람들을 만난다는 것은 어찌 보면 산부인과 의사로서의 길을 계속 갈 수 있게 해주는 에너지가 될 것이고, 그동안 다른 환자로부터 받았던 스트레스도 상당 부분 해소될 테니까.

지금은 아장아장 걸으며 어설프지만 엄마, 아빠를 외치고 다닐 우리 귀여운 아기에게 "아가야, 엄마와 아빠처럼 남에게 믿음과 따뜻함을 줄 수 있는 사람이 되어라"하고 말하고 싶다. 이 겨울이 따뜻해지도록. 그리고 가족 모두 오래 오래 행복할 것이라고 마음속으로 꿈꾼다. 파이팅!

글쓴이 박창수는 41세의 산부인과 전문의로 현재 광주 엔젤산부인과병원 원장이다. 그는 이 글을 쓰면서 자신을 돌아보는 계기가 됐다고 수상소감에 썼다. '처음에는 상금에 현혹되어' 공모했다는 그는, 이 글을 계기로 자신부터 좀 더 환자와 가까워질 수 있는 의사가 되기를 소망했다.

동행

"선생님이 제 주치의라서 너무 다행이에요. 선생님이 아니면 벌써 죽었을 텐데⋯. 선생님이 계속 치료해 주실 거죠?" 얼마 전 낮병원(정신질환자들의 재활을 위해 운영되는, 낮 동안만 입원하는 병원) 회원들과 1박 2일간 사회적응훈련을 겸한 MT를 용인 콘도로 갔을 때의 일이다. 저녁을 먹고 삼삼오오 둘러앉아 얘기하는 자리에서 정신분열병을 앓고 있는 서른 살의 K씨가 내 손을 잡으면서 말했다. 순간 J씨의 자살로 상심해 있던 때 K씨가 내게 해줬던 위로가 생각나면서 가슴이 뭉클해졌다. 어느 여름 갑자기 세상을 등진 J씨. 그는 지금 하늘나라에서 자유로울까?

정신과 의사라는 직업상 나는 정신병으로 어려움을 겪는 환자나 그

가족들의 얘기를 듣고 위로하는 역할에 많이 익숙해져 있다. 그러다 보니 환자인 그들로부터 마음의 상처를 받고 아파한다거나 거꾸로 내가 그들의 위로를 받거나 도움을 받는 입장이 된다는 것은 별로 생각해 보지 못했다. 특히 그들이 내게 도움을 받아야만 하는, 나보다 좀 부족해 보이는, 정신적 장애를 가진 사람들이라고 생각했던 젊은 시절의 나는 더욱 그랬다. 이 이야기는 그런 생각들이 바뀌게 됐던 많은 경험들 중 특히 잊을 수 없는 경우다.

J씨는 정신분열병으로 긴 투병생활을 하면서도 예상치 못한 유머감각으로 나를 즐겁게 했던 39세의 미혼 남자였다. 스스로 텔레파시라고 설명하던 환청과 피해망상 때문에 괴로워하던 그는, 증상이 호전돼 낮병원 재활프로그램을 받던 도중 5층 창문에서 뛰어내렸다. 아직도 기억이 생생한, 그 해 초여름 오후였다. 정신분열병은 약 25%의 환자가 자살로 삶을 마감할 정도로 자살이 드물지 않은 병이다. 정신병 환자를 진료하면서 자살하는 환자들을 종종 대하게 되지만 내가 담당하던 환자가 그렇게 생을 마감했다는 것을 알고 나서 느끼는 충격과 상처는 자주 경험한다고 해서 무뎌지는 것은 아닌 것 같다.

J씨는 치료자인 내가 특히 심한 마음의 상처를 받았던 경우다. 명문대를 나와 석사과정을 밟던 중 정신분열병이 발병한 그를 처음 만난 것은 그의 병이 발병하고 15년 정도가 지나서였다. 오랜 투병생활로 약물

부작용이 생겨 목이 돌아가고 발음이 어눌해, 처음엔 약간 괴팍하다는 느낌을 받았다. 하지만 새로운 주치의인 나를 향한 기대감을 가지고 던지는 그의 날카로운 질문과 어려운 상황에서도 잃지 않던 익살이 인상적이었다. 잠시만 그와 대화를 하면 누구든 환자 J씨를 인간 J씨로 느끼게 만드는 재주가 있는 사람이었다. 약 2년여 동안의 치료에도 증상의 호전이 더뎌 가족과 치료진을 맥빠지게 했지만 다행히 새로 투여한 클로자핀 등의 약물과 지속적인 심리치료가 드라마틱한 효과를 나타내-적어도 치료진은 그렇게 믿고 있었다-완고하게 지속되던 환청과 망상이 줄었고 비로소 현실감이 생겼던 것이다.

그런데 자살은 바로 그런 변화가 온 직후에 일어났다. 느리지만 확실하게 나타나던 치료성적에 고무됐던 나를 포함한 치료진이 J씨의 갑작스런 자살로 받은 충격은 말로 다할 수 없었다. 우선 나 자신은 처음에는 스스로에게 '그렇게 좋아지고 있었는데…, 그럴 리가 없는데…' 라며 명백한 사실을 부정했다. 그러다 '왜 지금까지 그렇게 도우려 했던 나와 치료진에게 이렇게 행동했을까' 하며 화가 치밀었다. 아마 내가 그를 고쳤다는 자만심과 그런 우쭐함에 흠집을 낸 그에 대한 분노였을 거다. 한편으로 사고를 접한 가족의 반응 등에 대한 두려움까지, 너무 복잡한 감정이 동시에 일어났다.

조금 시간이 지나 이성적이 되었을 때는 '도대체 내가 무엇을 놓친 것일까?'라는 의문이 수없이 들었다. 그러다 사건이 있기 수 일 전 "선생님, 제가 결혼하고 직장도 얻을 수 있을까요?"라며 면담 내내 우울해 보였던 그의 얼굴과 특히 깊고도 슬픈 눈빛이 생각났다. 당시에 나는 그의 막막한 현실이 너무 공감이 돼 말문이 막혔다. 그래도 뭔가 위로 해야겠다고 애써 그의 눈빛을 피하면서 했던 말들이 나 자신이 들어도 너무 공허해 종일 우울했던 그 날이 생각났다. 과연 그때 나는 그가 말하려던 절망감의 깊이를 진정 느낀 것일까? 그런 생각이 들자 '전문의가 된 지 10년이 다 되었다는 의사가 그것을 놓치다니…'하는 부끄러움이 자신에 대한 분노와 뒤섞여 답답함과 짜증으로 다가왔다. 또 잠시나마 '그가 환타지 속에서 살 때는 적어도 그렇게 자신을 비하하진 않았는데, 정신병 환자의 망상과 환상을 약물로 없애주고 현실감이 생기도록 돕는 것이 과연 환자를 행복하게 하는 것일까?'하는 허망함도 느껴졌다.

하지만 나는 이런 마음을 가족이나 다른 치료진에게조차 내색할 용기가 없었다. 오히려 재활치료에서는 적극적인 경험과 훈련을 위해 상대적으로 안전을 위한 감시는 덜할 수 있다는 점을 이미 가족에게 설명하고 동의를 얻었고, 의료배상책임보험도 가입을 했으니 다 잘될 것이라면서 스스로를 애써 위로하려 했다. 그러나 막상 이런 일이 생기고 나면 늘 그렇듯 가장 최악의 순간을 가정하게 되고, 그 결과 생기는 공포와 두려움은 이 모든 사고와 감정을 다 압도하는 것이었다. 결국 내가 인간적으로 좋아했고 또 나를 따르던 한 인간의 죽음조차 진정으로 슬퍼할 여유마저 없었다. 사건이 있던 당일 응급실에서 사망을 목격하고 그 가족의 절망과 원망을 듣고 돌아온 날, 가족이 다 잠든 늦은 밤에 잠을 이루지 못하고 독주를 혼자 마시며 이렇듯 비겁하고 비인간적이 된 자신을 보면서 의사라는 직업에 대해 깊은 회의를 느꼈다.

그런데 그런 감정에서 나를 구한 것은 놀랍게도 바로 죽은 J씨의 동료인 다른 환자들이었다. 다음날 나는 도살장에 끌려가는 기분으로 출근해서 예정돼 있던 낮병원 회원의 그룹상담을 진행해야 했다. 전날의 사건을 목격한 회원들은 이미 진상을 다 알고 있었다. 친구를 잃은 그들의 상심한 눈을 어찌 볼 것인지, 그들이 J씨 얘기를 면담의 주제로 꺼낸다면 그때 분위기를 압도할 실존적 우울감은 어찌 감당할지 가슴이 터질 것 같이 조여왔다.

잠을 못 자서 푸석한 얼굴인 내가 자리에 앉으면서 회원들의 긴 침묵이 지속됐다. 그러던 중 어느 회원이 J씨의 상태가 어떻게 됐는지 물었다. "중환자실에 있습니다."라고 거짓말이라도 하고 싶었다. 그러나 일부 회원은 이미 알고 있는 눈치다. 나는 무겁게 입을 열어 조용히 그가 응급실로 후송된 이후 수 시간의 처치에도 불구하고 사망했다는 것을 얘기했다. 긴 침묵이 있었고, 잠시 후에는 조금 더 오래 병을 앓으면서 정서적인 반응이 부적절한 어느 회원이 "근데 왜 창문으로 떨어졌지?"라며 자신의 두려움과 슬픔을 외면하려 했다. 다른 어느 회원은 충격을 받은 듯 멍해 보였다.

나는 겨우, 우리가 지금 무엇을 느끼는지 얘기해 보자고 했다. 대부분의 회원들이 보인 반응은 오히려 자신들이 그를 돕지 못했다는 자책감이었다. 치료자인 내가 방어적이 돼 진정한 감정에서 나를 밀어내고 있을 때 그들이 오히려 자신들의 감정을 그렇게 말하고 있던 것이다. 순간 나는 부끄러움과 안쓰러움을 동시에 느끼며 그들을 위로해야겠다고 생각했다.

이때 K씨가 입을 열었다.

"선생님과 치료진이 애썼는데 슬프실 것 같아요. 너무 책임 느끼지 마세요. 선생님 책임이 아녜요."

순간 나도 모르게 눈앞이 흐려지고 눈물이 흘러내렸다. 당황한 나는 손수건을 꺼냈고 낭패감을 느꼈다. 치료자인 내가 이렇듯 나약한 모습을 보이다니. 집단정신치료에서 정신치료자의 태도가 이게 뭔가 싶어 부끄럽기도 하고 당혹스럽기도 해 어쩔 줄 몰랐다.

K씨가 계속 말을 이었다.

"저도 처음 병이 나고 나서 두 번 자살시도를 한 적이 있어요. 한 번은 망상 때문에, 한 번은 병이 너무 힘들어서 지하철로 뛰어 내린 적이 있어요. 하지만 우리는 병을 이길 수 있어요. 조금이라도 나아지면 일을 하려고 해요."

다른 회원들도 자연스럽게 병으로 인한 좌절을 얘기하고 서로 위로하는 시간으로 넘어갔다. 나는 그제야 마음이 편해지면서 평소처럼 집단상담을 진행할 수 있었다.

나를 위로한 K씨는 사망한 J씨보다 신체적으로나 사회적으로나 더 열악한 위치에 있는 회원이다. 두 차례의 자살시도로 심한 척추손상을 당해 배뇨를 잘 조절하지 못해 보호대를 착용하고 있고 걸음도 잘 못 걷는다. 정신분열병에 더해진 그의 신체적 장애는 한없이 무거운 것이다. 그럼에도 그는 나를 위로하고 있었다. 그렇게 그들은 그 날 아침의 무거운 마음과 불안, 우울 등 복잡한

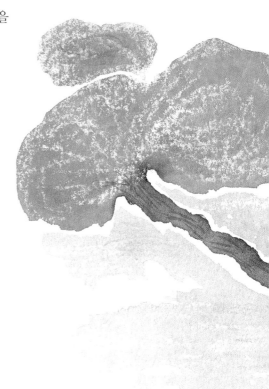

감정에 사로잡힌 나를 건지고 치유시킨 것이다.

　이전까지 나는 요즘 같은 의사-환자간의 불신시대에서는 자살 등 정신과 환자의 의료사고가 발생하면 의사가 문상을 가는 것이 법적인 책임문제를 자인하는 것으로 비쳐질 수 있다며 이를 애써 외면했다. 그러다 보니 아무리 법률적 잘못이 없다고 해도 내 양심의 재판에서는 늘 유죄였던 나는 이런 죄의식과 슬픔, 분노, 서운함 등 복잡한 감정이 해결되지 못해 오래된 흉터처럼 남았고, 세월이 흘러도 문득 생각이 날 때면 막연한 불안이나 우울증으로 나타나곤 했었다.

하지만 그 날은 J씨의 영정 앞에서 그간의 미안함과 서운함 등을 모두 마음속으로 얘기했다. 그리고 유족에게는 담담하고 솔직하게 치료진이 예상치 못했던 부분과 주치의인 내가 놓쳤을 수도 있는 부분을 얘기했다. 유족은 오히려 우리를 위로했다.

"재활치료를 열심히 하셨던 것 알고 있습니다. 이해합니다."

얘기는 아주 쉽게 진행됐고, 장례비 가운데 일부를 내가 부담하겠다고 했다. 얼마 후 부모가 돌아가신 후 보호자가 돼 수년간 오빠인 J씨를 병간호한 여동생이 병원을 찾아왔다. 그동안의 치료에 감사를 표하면서, 자신의 오빠로 인해 치료진이 열심히 해온 재활치료가 위축되지 않기를 바란다며 오히려 우리를 걱정하고 위로했다. 사건 이후 수일간 재활치료에 대한 회의와 낭패감에 빠져있던 내 가슴을 짓누르던 무언가가 사라지고 다시 용기와 의욕이 솟구쳤다. 내가 들어본 가장 따뜻한 위로였다. 나와 같은 심정으로 힘들어하던 다른 치료진에게 이 얘기를 전하면서 힘을 내서 다시 그들을 돕자고 얘기했다. 앞으로 또 이런 일이 있을지라도 ….

가끔은 만성정신병을 가진 환자들을 보면 그렇게 불행하고 심각한 장애를 가지고 살아가는 그들의 삶에 오랜 시간 동행하는 것이 너무 괴롭고 슬프게 느껴진다. 그렇지만 그들로부터 상처를 받고 허우적대는 내게 환자와 그 가족은 이렇게 스승이고 힘을 주는 위로자가 되기도 한다. 그래서 여전히 정신과 의사는 할 만하다고 느낀다.

MT에서 돌아오면서 생각했다.

'내게 스승이 되고 친구가 되었던 그들이 이 세상에서 진정 자유로워지는 때는 언제 올 것인가?'

하지만 그것이 실현되기 어렵다고 해도 두려울 것은 없다. 그들과 같이 동행하며, 세월에 따라 늙어가고, 서로를 어루만지면서 그렇게 살면 되니까.

글쓴이 이 혁은 42세의 정신과 전문의로, 현재 열린마음신경정신과의원 원장이다. 그는 수상소감에서 상실과 상처로 인한 자신의 우울증이 글을 쓰는 과정에서 치유된 것이라고 믿고 싶다고 했다. 급변하는 의료 환경에도 불구하고 의사가 포기하지 말아야 할 것은 환자와 가족이 부여하는 권한과 믿음이고, 이것보다 더 큰 보상은 없다는 말도 덧붙였다.

살아있음을 감사하며

사람의 변덕을 생각하면 절로 웃음이 난다. 처음 이메일을 받았을 때는 그렇게도 신나더니만, 요즈음은 구시렁거리며 삭제해 나가는 것이 일과가 되었으니 말이다. 어제도 나는 광고물로 가득한 메일을 지우면서 투덜거리고 있었다.

'이걸 안 보고 한꺼번에 다 지워, 말아?'

딸깍 딸깍하다가 나는 손을 멈췄다. '살아있음을 감사하며'라는 제목으로 최○○ 님의 글이 올라왔기 때문이었다.

멎은 것은 손이었지만, 진정 멎은 것은 심장이었을까! 가슴이 얼어붙어 버린 것 같았다. 이게 진정 4년 전 그 환자의 글인가! 나는 두렵고 무서웠다. 떨리는 손으로 조심스레 클릭. 다섯 줄도 채 읽지 못하고 나는 그만 오열하고 말았다. 그 젊은 여자 환자의 글이었다. 내 가슴에 영원한 십자가로 남아 있을 그의 글이었다. 그와의 첫 만남은 8년 전 3월 첫 주에 전라도 광주에서 시작됐다.

1993년 3월은 주치의로서의 첫발을 딛는 순간이었다. 그 날은 인계받지 않은 최초의 내 환자를 맞는 날이기도 했다. 8병동 간호사로부터 연락이 왔다.

"선생님, 입원 왔습니다. 진찰실에서는 천식이 의심된다고 합니다."

"네, 알았습니다. 바로 가겠습니다."

나는 그때 4층에 있었다. 사실 내 첫 환자인데…, 첫마디는 어떻게 하지? 내 이름은 밝힐까, 말까? 이것저것 생각하면서 나는 계단으로 올라갔다.

801호 2인실에 입원한 첫 환자는 뜻밖에도 젊은 여자였다. 아담한 체구에 약간은 통통하고 왼손에는 묵주를 한, 귀엽게 보이지만 처녀로는 보이지 않는 외모에 숨이 차도 쉬 나타내지 않는, 잔잔한 분위기가 있는 여자였다.

"안녕하세요. 입원하는 동안 돌봐드릴 주치의입니다. 제 이름을 잘 기억하시고 힘드시면 찾으세요."

나는 플라스틱으로 된 내 명찰을 만지며 말을 건넸다.

'잘 하긴 한 건가!'

'이름을 밝히지 않은 것이 자신감 부족으로 보이지는 않을까?'

"네."

그 환자는 부끄러운 듯이 수줍어하며 대답했다.

"성당 다니시나 봐요. 본명이 어떻게 되십니까?"

'아! 병과는 관련 없는 것을 또 묻다니!'

순간 나는 한심한 느낌이었다.

그런데 수줍어하던 그 환자가 갑자기 밝아지며 얘기를 하기 시작했다.

"마리안나입니다. 선생님도 성당 다니시나봐요."

"아닙니다. 저는 나중에…."

계속 얘기하다가는 전도한다고 할까봐 서둘러 병력을 확인하고, 청진을 한 후 병실을 나왔다.

'음, 알레르기성 비염도 있고 천명음도 있으니 천식이 확실한 것 같군.'

환자와의 만남은 그렇게 시작됐다.

입원 3일째에 그녀는, 호전되지 않았음에도, 딸아이 입학식에 가야한다며 퇴원을 원했다. 친정 어머니와 내가 아무리 설득하고 협박해도 막무가내였다. 퇴원 순간 나는 짜증 반, 걱정 반에 '최씨 아니라고 할까봐 고집 부린다!' 며, 만약에 숨차면 응급실로 오시고, 반드시 나를 찾으라고 신신 당부를 했다.

　이튿날 점심때에 응급실에서 급한 호출이 왔다. 그 환자였다. 동맥혈 검사 결과로 보아서는 응급 상황임이 틀림없었다. 밥도 다 먹지 못하고 뛰어갔다. 도착해 보니, 상체를 들썩거리며 겨우 겨우 숨을 몰아쉬고 있었다. 청진에서도 숨소리가 거의 들리지 않는 정도였다. 보호자 말로는 추운 날씨에 밖에서 끝까지 입학식에 있다가 저렇게 된 것이라고 하였다. 나는 안심하라며 눈인사를 하고 하느님의 힘을 빌어서라도 낫게 해 준다고 말했더니 고개를 끄덕거리며 왼손을 올린다. 그 손에는 역시 묵주가 있었다. 그 후로도 그녀는 응급실과 병실을 오가며 몇 차례 입원을 더 했다.

　레지던트 2년차 때의 어느 날, 그녀는 서울에 있는 대학병원으로 갈 진료의뢰서를 부탁했다. 나는 집 가까운 곳에서 치료하는 것이 낫다고 설득했지만, 그녀는 작년보다 금년이 훨씬 힘들다고 말하며 고집을 꺾지 않았다. 나는 진료의뢰서를 주면서 왠지 야속해 한마디 던졌다.

　"돈 많다고 비행기타고 다니면서 병원 다닐 모양이지요?"

　그 환자는 갑작스런 내 말에 충격을 받았는지 말없이 나를 쳐다보다 고개를 떨어뜨리며 "미안합니다. 잘해주셨는데….”라며 일어섰다. 순간 말실수를 직감했지만 이미 엎질러진 물이었다.

　몇 달이 지난 후 로비에서 젊은 여자가 찾는다는 연락이 왔다. 그 환

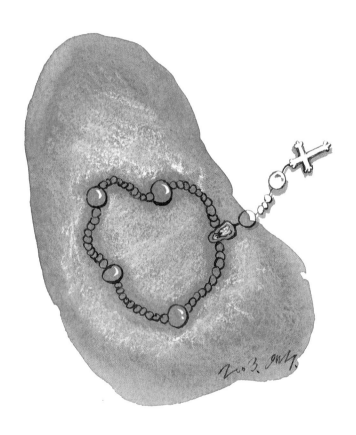

2003. gws

자였다. 반가웠다. 그리고 궁금했다.

"선생님께 또 부탁드리려고 …. 진료 기록을 카피했으면 해서…."

너무나 차분한 목소리에 오히려 불안해진 나에게 그녀는 "모든 게 천주님의 뜻이에요. 제가 어떻게 그분의 뜻을 알 수 있겠습니까? 사실 저, 그 병원에서 기관 내 종양으로 치료받고 있습니다. 선생님 말대로 비행기타고 진료 받습니다. 그 병원에서 너무나도 특이한 케이스이기에 초진 시의 기록이 필요하다고 해서…. 선생님께는 서운한 감정이나 원망이 없습니다. 오히려 제 병을 얘기하면 마음이 여린 선생님께서 어떻게 받아들일까 염려가 될 뿐입니다. 그러나 돈 많다고 서울 가서 치료한다는 말은 한동안 제 안에서 상처가 됐습니다. 지금은 물론 괜찮지만요." 하며 묵주를 내게 내밀었다. 항상 그녀가 끼고 다녔던 그 묵주였다.

"왜 이것을 … ?"

나는 현기증이 났다.

'지금 저 사람은 무어라 하는가! 기관 내 종양이라고? 그것이 저 사람의 병명인가! 그렇다면 나는 그런 줄도 모르고 잘난 체만 …. 모든 게 내 잘못이 아닌가! 이럴 땐 어떻게 하는 거지? 묵주를 받아야 하나? 그런데 왜 주는 거지?'

멍하니 묵주만 바라보는 내 손에 그녀는 묵주를 쥐어주고는 "아무 것도 생각하시지 마세요. 저는 평화롭습니다. 오후 진료 때까지 기다리겠습니다."라고 말했다. 나는 말 한마디 못하고 그 천금같은 묵주를 들고 숙소로 돌아와야 했다.

그래도 내가 할 수 있는 일을 찾아내야만 했다. 그 후로 나는 2년 동안, 그 병원 진료 결과를 묻고 다시 한번 그녀에게 자세히 설명해주는 일을 했다. 그리고 치료될 수 있다는 확신을 주었고, 사랑하는 딸을 위해 치료가 아무리 힘들어도 꿋꿋하게 견디어 달라는 부탁을 했다. 또한 기도하겠다고 했다. 당신이 준 묵주로 기도하겠다고! 방법은 모르지만 무조건 이 환자는 살아야 될 사람이라고! 그때마다 그녀의 답은 똑같았다. '감사하다', '좋아지고 있다', '낫게 해 줄 것을 믿는다', '기도를 더 많이 했다' 등이었다.

그러다가 수련의 과정이 끝나갈 무렵 그녀로부터 꽃 선물을 받았다.

'선생님! 그 동안 마음 써주신 것 감사합니다. 치료가 잘 되어 이제는 저 혼자 요양할 계획입니다. 인연이 닿는다면 만나게 될 것입니다. 최 ○○ 올림.'

그게 마지막이었다. 그리고 오늘 만난 것이다. 인터넷을 통해 4년만에….

'한동안 잊고 있었던 삶이 다시 감사합니다. 예쁘게 자라는 딸아이를 보며 그 얼굴에 그림자를 주지 않아서 다행이라는 생각입니다. 완치 판정을 받고는 눈물을 참을 수가 없었습니다. 세상 모두가 감사했고, 모든 것이 용서되었습니다. 지금은 레지오 활동을 접고, 성가대에서 찬양을 합니다. 기관지 암 환자가 찬양을 한다면 우리 천주님은 얼마나 기뻐할까! 생각만 해도 가슴이 벅차 오릅니다. 한동안은 찬양을 하면서도 눈물 때문에 마치지 못한 적도 있습니다. 그래도 저는 행복했습니다. 선생님의 따뜻한 마음 고마웠습니다. 잊지 않습니다. 항상 변하지 않는 모습을 기도합니다.'

우연한 기회에 카톨릭으로 개종한 나는 성당 내 봉사 단체에서 활동하게 되었고, 그것 때문에 성당 홈페이지에 글을 올린 적이 있었다. 그것이 그녀와 나를 연결해 준 고리가 된 것이었다.

'암', '교만', '묵주' 등이 내가 그녀를 떠올릴 때 같이 떠오르는 단어이다. 그런 단어를 떠올리며 나는 그녀에게 답장을 보냈다.

글쓴이 정경헌은 40세의 내과 전문의로, 현재 서울 강서구 화곡동 정내과의원 원장이다. 그는 1회와 2회 공모에서 모두 수상을 했는데, 이 글은 1회 때의 것이고 2회 수상작인 '의사 아닌 하루 이틀'도 이 책에 실려 있다. 그는 일 년에 한 편씩은 글을 쓰면서 자신을 돌아보고 싶다는 소망을 갖고 있다.

약속

3년 전 가을인가? 아니 겨울인 것 같기도 하다. 서늘한 날씨 때문에 텁텁하기도 하고 약간 답답한 느낌도 주지만, 따뜻했던 중환자실 공기가 더 반가웠던 걸로 기억되니까.

당시 나는 중환자실 주치의였다. 4층에 위치했던 내과계 중환자실은 병원 한 층의 반쪽을 터서 쓰고 있었고 16명의 환자를 수용할 수 있었다. 여기에 주치의가 두 명 배정되어 두 달간 일하게 되는데, 레지던트 과정에서 중환자실 주치의로 일한다는 것은 힘든 일 중 하나였다. 두 사람이 같이 일을 하지만, 낮 열 두 시간은 남과 똑같이 일을 하고, 밤엔 하루씩 번갈아 '퇴근'이란 걸 할 수 있었다. 물론 자기가 담당하는 환자가 안정되고 별 탈 없어 제 시간에 퇴근하면 재수가 좋은 경우다.

이틀에 한번씩 돌아오는 퇴근 기회도 자기 환자 상태가 불안하면 늦춰질 수밖에 없다. 환자 상태가 정말 나쁘면 그 기회가 아예 날아가 버린다. 그리고 다시 48시간을 줄곧 일해야 한다. 두 사람이 하루씩 번갈아 가며 새로 들어온 환자를 맡는데, 운 좋은 날은 하루에 1~2명이 새로 들어오지만 소위 '환자를 타는 날'은 하루 6~7명의 신환(新患)을 맡아야 한다. 그뿐 아니다. 내과계 중환자실에 빈자리가 없으면 넓은 통로로 이어진 바로 옆 신경외과 중환자실까지 자기 환자를 입원시켜, 왔다 갔다하며 근무해야 한다. 그래서인지 당시 나와 내 동료들은 중환자실 주치의가 되는 것을 그다지 반가워하지 않았던 것 같다.

그 해 늦봄에 이미 한 차례 중환자실에서 일한 적이 있었음에도—성격상 힘든 기억을 빨리 잊어버려선지—긴장감이나 힘든 것에 대한 막연한 불안보다 잠을 잘 수 없다는 것에 대한 약간의 짜증이 섞인 기분으로 일을 시작했다.

그 날은 토요일인지 일요일인지 확실히 기억나지 않지만 주말 저녁이었다. 평상시처럼 환자를 보면서 다음날 해야 할 오더(order)를 작성하고 있었다. 전화벨이 울렸고 전화 받은 간호사가 짜증 섞인 목소리로 무슨 환자냐고 묻는 걸 보니 응급실에서 새로운 환자를 올려 보내려 하는 것 같았다. 이윽고 퉁명스런 목소리로 "선생님, 응급실이요. 환자래요."라고 소리친다. 전화를 받았다. 무슨 환자냐는 물음에 응급실 당직의는 예의 기죽은 목소리로 얘기를 꺼낸다. 대개 응급실 당직은 중환자실 당직의보다 아랫년차가 맡기 때문에 응급실 당직자가 중환자실에 환자를 입원시킨다는 것은 여러모로 어려운 상황이었다. 자신이 판단한 환자 상태나 이에 대한 처치를 그대로 윗년차 앞에서 설명한다는 건 어려운 숙제를 검사 받는 것과 비슷하다 할까. 심한 경우 엄청난 꾸중과 핀잔을 들어야 하기 때문이다.

"20대 초반 여잔데요, 여관에서 자다가 화재로 인한 심한 호흡곤란으로 내원했습니다. 기도 화상으로 보입니다. 아직 기관지 삽관은 하지 않았구요, 검사 결과는 …."

주말 저녁에 중환자를 맡게 된다는 건 그 자체로도 썩 기분 좋은 일은 아니었다. 게다가 사고경위라는 게 약간은 불량한 냄새를 풍기는 경우는 더더욱 그렇다. 누군 밤새 고생하고 누군 열심히 놀고 즐기다 사고 나고…, 세상 참 불공평하군, 뭐 그런 식이다. 그래도 환자는 환자다.

"알았어. 일단 올려 보내라."

응급실 당직의는 별 트집도 안 잡히고 입원시킨다는 생각에선지 안도 섞인 대답과 함께 전화를 끊었다. 나는 간호사들에게 큰소리로 알렸다.

"환자 올라온답니다. 인공호흡기 준비해 주세요."

순간 탄식과 불만의 소리가 터져 나온다. 새로 환자 올라오는 것도 싫은데, 그것도 중환자라면 다들 한마디씩 할 만했다. 그래도 모두 바삐 움직였다. 환자 상태가 불안할수록 간호사 대기실과 가까운 곳에 위치시키고, 인공호흡기도 새로 점검하는 등 준비를 해야 하기 때문이다. 기존 환자 자리 배치도 다시 해야 한다.

이윽고, 응급실 당직의와 환자가 올라왔다. 환자를 침대에 옮기고 정리하면서 언뜻 환자의 얼굴을 보니 까무잡잡한 피부와 큰 이목구비, 우리나라 사람이 아닌 것 같았다.

"어, 뭐야? 외국인이냐?"

"예. 인도네시아인인가 그렇다는데요."

"그런데 이 밤중에 여관에 왜 간 거야? 어쩌다 사고가 난 거냐?"

"저도 자세히는 모르겠는데요, 119 대원들이 불이 난 여관에서 데려왔답니다."

환자 정리가 끝난 뒤 간단히 상태를 살피고 응급실 당직의에게 현재 상태와 검사 결과, 지금까지의 처치 등에 대해 인수인계를 받았다. 응급실 당직의는 짧은 인사와 함께 달아나듯 응급실로 돌아갔고, 난 다시 환자에게 다가가 청진을 하며 물었다.

"숨차요?"

그녀는 힘든 표정으로 고개를 끄덕였다. 한국말은 알아듣는 모양이다. 약간 가쁜 숨을 쉬는 그녀에게 "괜찮아질 거예요." 라고 말하고 돌아서는데, 그녀가 내 손을 잡았다. 돌아보니 거칠게 숨을 쉬면서 조그

맑고 쉰 목소리로 말했다.

"살려줘요 …."

그녀의 눈은 정말 컸다. 그 큰 눈에서 두려움이 느껴졌다. 가볍게 끄덕여 주고 돌아와 다시 검사 결과를 훑어봤다. 그러나 주말 저녁에 여관에서 사고가 났다는 사실 때문에 약간은 불량한 상상과 함께 썩 유쾌한 기분은 아니었던 것 같다.

중환자실에서는 감염 예방을 위해 병실에 보호자가 계속 머물 수 없게 돼 있다. 하루 세 차례 30분씩의 면회시간에만 보호자가 출입할 수 있었다. 대개 이 시간에 주치의는 특별한 일이 없는 한 매번 바뀌는 보호자들에게 환자 상태를 설명하기 위해 중환자실에 대기한다.

그녀는 여전히 가쁘게 숨쉬고 있었고, 약을 투여해도 그다지 크게 호전을 보이지 않았다. 사실 처음보다 진행되고 있는 기도의 부종과 염증이 더 걱정스런 상황이었다. 환자 상태가 악화되면 보호자에게 반드시 설명을 해야 한다. 그런데 친구라고 찾아오는 사람은 모두 피부색, 얼굴 생김새가 그녀와 비슷한 사람들뿐이었다. 뉴스에서 산업연수생, 불법체류자라고 익히 봐왔던 사람들의 모습이었다. 자기들끼리는 뭐라고 얘기하는데 한국말을 잘 못해서인지 아니면 한국인 의사에게 말을 건네기 어려워서인지는 모르지만 환자 상태를 질문하는 사람은 없었고, 나 역시 선뜻 다가가 설명해주기 어려웠다.

그렇게 며칠이 지났다. 상태는 큰 호전이 없었고 여느 면회시간처럼 중환자실에서 보호자에게 설명을 하고 있었다. 다른 보호자와 대화가 끝나자 한 남자가 조심스럽게 말을 건넸다.

"저 …, ○○○에 대해서 알고 싶은데요."

돌아보니 30대 중반쯤 돼 보이는 중간키 남자였다. 군청색 양복에 넥타이를 매지 않은 와이셔츠 차림에 인상 좋아 보이는 사람이었다. 그는 외국인 노동자를 담당하는 목사라고 자신을 소개했다. 설명을 시작하자 기다렸다는 듯 외국인 친구 4~5명이 우르르 몰려들었다. 그리고 나와 그를 둘러싸고 큰 눈을 더 크게 뜨고 우리의 대화에 귀를 기울였다. 자기 나라 말로 서로 뭐라고 얘기도 나누며 진지하게 들었다. 잘 못 알아듣는 친구에게 설명해 주는 것 같았다. 내 설명이 끝나자 목사님은 잘 부탁한다는 말과 함께 그녀가 참·불쌍한 사람이라는 얘기를 했다. 그저 건성으로 고개를 끄덕이던 내게 그가 털어놓은 말은 이랬다.

"너무 착한 사람입니다. 자기네 나라에선 대학까지 나온 엘리트구요. 돈벌겠다고 우리나라에 와서 공장에서 일하는데, 같이 일하던 친구가 사고로 크게 다쳐 병원에 입원했습니다. 그래서 친구들끼리 병문안 갔다가 시간도 늦고 추워서 근처 여관에서 자다가 불이 났대요. 그래서…."

그 다음 얘기는 귀에 들어오지 않았다. 생각했던 불량한 사건과는 전혀 다른 일이었다.

"네…."

난 당황하며 대답했다. 그리고 그녀에게 미안한 생각이 들었다. 스스로도 성인군자가 아니면서 알지도 못한 채 착한 사람을 부도덕한 여자라는 식의 색안경을 끼고 본 것도, 그런 생각으로 치료한답시고 붙어 있었던 사실이 부끄러웠다. 크게 잘못을 느꼈고, 어떻게든 사과하고 싶었다.

면회가 끝나고 다시 환자만 남았다. 환자 곁에 다가가 상태를 살폈다. 아직도 숨이 차 힘들어하고 있었다. 정성껏 진찰하면서 생각했다. 무슨 일이 있어도 꼭 살리겠다고 말하고 싶었다. 상태를 살핀 후, 그녀의 손을 잡았다. 20대 초반이라는 나이에 비해 피부가 많이 거칠었다. 그녀가 날 쳐다봤다. 여전히 큰 눈은 두려움에 가득 차 있었다. 차마 말로는 못하고 속으로 얘기했다. 미안하다고, 내가 당신을 꼭 살리겠다고.

이후로 그녀를 진찰할 때마다 손을 잡고 얘기하는 것이 습관처럼 돼버렸다. 간호사들이 내가 그녀를 좋아한다고 놀려대기도 했지만 상관없었다. 그렇게 해서라도 사과하고 싶었고, 최선을 다해 그녀를 살리고 싶어한다는 걸 알려주고 싶었다. 그리고 그녀도 점점 손잡아주는 걸 좋아하는 것 같았다. 내가 다가서면 먼저 손을 내밀기도 하고, 힘들어 하면서도 웃는 모습을 보이기도 했고, 내 손을 힘껏 쥐기도 했다. 큰 눈에 여전히 두려움이 있었지만, 나를 신뢰하고 있다는 것도 알 수 있었다.

하지만 병세는 점점 더 나빠져 갔다. 폐렴이 겹치고 기도의 부종과 염증이 더 진행됐다. 결국 의식이 흐려지고 기관지 삽관을 해야 했고 인공호흡기까지 달아야 했다. 기관지 내시경을 통해 기도를 직접 살핀 교수님께서 "야, 이거 힘들겠다"라고 한마디 하자 나는 울고 싶었다. 별의별 방법을 다 썼지만 점점 나빠지는 그녀를 위해 내가 해줄 게 아무 것도 없다는 것이 싫었다. 삶에 대한 희망을 갖고 이 추운 나라까지 건너와서도 친구를 생각하는 착한 그녀가 죽어간다는 게 싫었다. 당직실에 들어가 신에게 기도까지 했다. 그거라도 해야 한다고 느껴졌다. 난생 처음으로 환자 때문에 기도라는 걸 했다. 무릎을 꿇고 빌었다. 그녀를 살려 달라고, 제발 그녀를 살게 해 달라고. 그러나 내 소원과 친구들의 바람에도 병세는 돌이킬 수 없었고 며칠 뒤 그녀는 결국 숨을 거뒀다.

해마다 겨울은 다시 찾아온다. 매년 똑같은 겨울은 아니지만, 거리에선 그녀와 똑같아 보이는, 허름한 차림의 외국인들을 만나게 된다. 그러면 그녀가 생각난다. 처음 내 손을 잡은 날, 날 바라보던 그녀의 눈을 기억한다. 그녀가 보잘것없는 나를 믿고 자신을 맡겼음을 기억한다. 비록 말도 하지 못했고 내 능력 밖의 일이기도 했지만, 내가 했던 약속을 기억한다. 어떻게든 그녀를 살리고 싶었던 것을 기억한다. 그리고 그녀에게 했던 약속을 평생 동안 마음에 두고 지켜갈 것이다. 그녀를 만날 수 있게 해준 신에게 진심으로 감사한다.

글쓴이 서승오는 33세의 내과 전문의로, 현재 전주모자보건센터에서 공중보건의로 근무하고 있다. 그는 수상소감에서 "의사에겐 환자가 훌륭한 스승이라고 한다. 병에 대해, 사람에 대해, 그리고 의사 스스로에 대해 다시 한번 깨닫게 해주고 반성하게 해주는 스승 말이다. 의사라면 누구나 한번쯤 스승이 내리치는 죽비와도 같은 환자를 한번쯤 만나게 될 거라고 생각한다."라고 썼다.

외 기 러 기

사십을 앞에 둔 나는 아직도 본과 일 학년 때 했던 해부학실습 꿈을 꾸곤 한다.

매일 수술실에서 살고 있는 지금 생각해보면 철모른 의대 시절의 풋내기 경험이었지만, 그때 경험한 새로운 경험과 자극은 지금도 내 무의식 안에 깊숙이 자리 잡고 있는 것 같다. 노랗다 못해 하얗게 변한 할아버지의 메마른 육체. 짙은 포르말린 냄새. 거울처럼 맑은 스테인리스 관 뚜껑에 반사되어 비쳐지는 노인의 차갑고 마른 육신.

지금은 비록 많은 정형외과 수술의 경험으로 인해 인체의 신비를 덜 느끼는 그런 냉정한 의사가 되었지만, 당시 학생 신분으로서는 고귀한 정신이 깃들었던 육신의 피폐해진 모습에 경원(敬遠)과 전율, 두 상이한 파장을 느껴야만 했다.

풍겨오는 이상한 냄새를 손바닥만한 마스크 한 장으로 견디며, 가슴 근육부터 사지 전체 말초신경 하나까지 한 올 한 올 벗겨나가는 해부학 시간은 장엄한 의식 그 자체였다. 특히 실습 마지막 날, 흉부와 두개골을 절단기로 자르고 심장과 두뇌를 꺼내 하나하나 해부했을 때는 이러한 행동이 마치 피안으로 가신 할아버지의 정신에 상처를 입히는 것 같아 너무 죄스러웠다. 비록 해부학교실에서 마련한 조촐한 제사의식과 은은히 피어오르는 향 연기에 송구스러움과 감사의 마음 모두를 저편으로 실어 보냈지만, 상처받은 몸은 다음 날 불길에 흔적 없이 지워진다는 소리에 또 다시 고개가 절로 숙여졌다.

헌데 오늘 아침, 당시 내가 해부했던 노인과 피부 색깔이 흡사한 할머니가 찾아왔다. 진료실로 들어오는 모습을 보며 난 순간 어지러움을 느꼈다. 칠십이 훨씬 넘은 듯한 할머니는 오른쪽 팔을 다쳤는지 붕대를 칭칭 감고서 팔걸이를 하고 있었다.

"할머니 많이 다치셨어요?"

난 할머니를 부축해 의자에 앉히며 물었다.

"그냥 넘어졌어. 그런데 팔이 부러졌나봐. 너무 아파서 못 참겠어. 나 좀 살려줘!"

할머니가 힘겨운 듯 의자에 앉으며 대답하더니 말을 이었다.

"조심하시지 그랬어요. 일단 엑스레이를 찍어 볼게요."

"알았어. 나 좀 부축해 줘!"

"예."

난 그녀를 부축해 일으키며, 간호사를 시켜 함께 따라가 엑스레이를 찍어오게 했다. 잠시 뒤 간호사가 가져온 필름을 보니, 상완골 간부 골절로 전위가 심해 수술을 하지 않고서는 붙지 않을 것 같았다.

"할머니, 수술 하셔야 되겠어요. 근데 보호자는 어디 계세요?"

"뭐 수술? 안 돼, 난 혼자 살아. 어떻게 수술을 해? 깁스만 하면 안 될까?"

"깁스만 하면 일 년이 걸려도 붙지 않을 수가 있어요. 할머니가 혼자 사시려면 팔이 꼭 붙어야 할 것 같은데요."

"큰일인데…."

할머니는 난감한 표정을 지었다. 그런데 어찌된 영문인지 한참을 망설이던 할머니가 고개를 끄덕이며 나에게 순순히 입원하겠다고 했다.

"생각 잘하셨어요. 할머니."

"그래, 잘 해줘."

"예, 할머니. 일단 입원하시면 수술을 위한 종합 검사를 할거예요. 그리고 혈액 검사에서 이상 없으면 모레쯤 해 드릴게요."

난 밖에 있는 간호사를 불러 할머니를 안내해 입원토록 했다. 그런데 수술을 하루 앞둔 다음날 퇴근 무렵, 할머니가 조심스레 다시 진료실 문을 노크하며 들어왔다.

"무슨 일이세요? 할머니."

난 자리에서 일어나며 할머니를 맞이했다.

"내일 수술하는데 전신마취 하는겨?"

"예, 팔을 수술하려면 국소마취는 안 되거든요."

"그래? 그럼 잘됐군. 과장님이 이번에 날 좀 도와줘야겠어."

"무슨 엘을 도와주라는 건데요?"

난 할머니를 빤히 쳐다보며 물었다.

"내일 수술하고 마취에서 깨어나지 않게 좀 해줘!"

"예?"

"그냥 그렇게 영원히 자게 해 달라구! 꼭 좀 부탁해."

"대체 무슨 말씀이신지… ?"

"가까운 가족이 없어 괜찮아. 조금 전 수술 서약한 애는 먼 친척 애야. 사인만 하고 그냥 또 갔어. 헌데 내가 그 애한테 미리 죽을 거라 말했어. 그러니 내가 죽어도 아무 일 없을 거야. 꼭 좀 부탁해."

"저보고 아무도 모르게 수술 중 죽여 달라는 말씀인가요?"

"그래, 제발 좀 부탁해. 진심이야."

"… …"

그녀의 눈에는 어느덧 눈물이 고여 있었다. 그녀의 눈빛을 보니 삶을 포기하려는 진실 어린 눈물이었다. 난 갑자기 당황했다.

"그 동안 이렇게 잘 살아왔는데 무슨 말씀이세요? 팔을 고치면 다시 정상적으로 살 수 있어요."

난 정신을 차린 다음 그녀를 오랫동안 설득하기 시작했다.

"누가 삶을 조종하는 것도 아니지만, 그렇다고 그냥 팽개쳐 버리는 것도 아니라고 생각해요. 그냥 단순한 어떤 흐름, 그런 흐름이라고만 생각해요."

하지만 그녀는 막무가내였다. 난 그녀에게 지금 병실에 입원해 있는 말기 암 환자들을 생각해 보라고 했다. 하지만 그녀는 지금 인생이 만들어내고 있는 흐름의 속도에 상당히 민감해 있었다. 대체 무엇이 그녀로 하여금 이렇게 급물살을 타게 만들었을까. 외기러기처럼 외로운 그녀의 인생 때문일까?

대부분의 현대인들은 물살이 빨라지면 물 속 깊이 잠수하고, 물살이 느려지면 고개를 빠끔히 내밀고 주위를 둘러보며 떠오르는 그런 삶을 사는데, 나이가 든 그녀는 이미 고개를 내밀 힘조차 없는 듯했다.

생의 일부인 죽음까지도 스스로 체험하겠다는 욕망은 경박스러움에 가깝다는 말을 해가며, 어린애를 달래듯 그녀를 달래기도 하고, 때론 철학가처럼 그녀가 가지고 있는 광적인 자유를 비판하기도 하면서 그녀의 기를 점차 꺾어 갔다. 시간이 해결했을까? 한참을 그렇게 서로 주고받으며 떠들고 나니, 할머니도 내 말에 어느 정도 공감한 듯, 고개를 숙이더니 말이 없어졌다. 난 이때다 싶어 재빨리 밖에 있는 간호사를 불러 그녀를 병실로 모셔가게 했다. 난 그녀를 보내고 난 후 진료실 의자에 주저앉아 담배를 꺼내 물었다.

"후~."

담배 연기가 카오스처럼 공간 속을 타고 흩어졌다. 만남이란 공간에는 항상 틈새가 있기 마련이다. 그 틈새란 것은 지진이나 화산폭발처럼 예고 없이 생기기도 하고, 심할 경우엔 해저지진으로 인한 해일처럼 큰 충격파를 발생시켜 방심하고 있던 나를 뿌리째 흔들기도 한다. 할머니와의 인연은 그런 충격파였다. 내일 이 충격파 때문에 수술이 흔들리지 않아야 하는데…. 기분이 착잡했다.

다음날 다행히 수술도 성공하고 할머니도 마취에서 깨어났다. 하지만

난 태연히 다가온 그녀에게서 받은 전이적인 충격 때문에 수술실 탈의실에서 한참을 멍하니 앉아 있어야 했다. 나는 인생이란 물살에서 혼자서 유영(遊泳)하길 좋아한다. 하지만 솔직히 도대체 내가 인생이란 흐름의 상류 쪽에 살고 있는지 하류 쪽에 살고 있는지 잘 모른다. 물살을 따라 헤엄쳐 가야 할지 물살을 거슬러 헤엄쳐야 할지 방향이 잘 잡히지 않는다는 말이다. 더구나 과연 내가 그런 물살을 이기고 헤엄칠 수 있는 지느러미와 부레 같은 것들을 가지고 있는지조차 의문이 일었다. 대부분의 사람들은 정해진 관습을 잘 지키고 경쟁에서 뒤떨어지지 않고 버티는 것을 인생의 목표로 삼는다. 물론 마음속에 부레 같은 흔적기관을 가지고 삶에 대한 높낮이를 조정하며 헤엄칠 수 있는 사람도 있지만, 그렇지 못한 사람도 많다.

주말 새벽 일찍 차를 몰고 지리산으로 향했다. 정상에 은은히 서려 있던 젖빛 새벽안개가 서서히 걷히고 있었다. 나는 성삼재에 차를 주차시킨 후, 노고단까지 산행을 했다. 노고단에서 바라본 지리산은 장엄했다. 온 천지를 뒤덮은 안개의 하얀 입자. 무지개 빛을 만들며 떠오르는 아침 햇살. 모든 것이 하얀색이었다. 하얀색도 어둠처럼 사물을 숨기는 본능이 있는가 보다. 보호색. 흰색도 보호색이라는 것을 이때 난 처음 알았다. 할머니의 눈가에 맺힌 눈물도 일종의 보호색이었을 것이란 생각이 들었다. 갑자기 눈부심을 느끼고 선글라스를 썼다. 하지만 선글라스와는 상관없이 나 자신이 점점 하얀 빛 가운데로 파묻혀 결국은 사라져버릴 것 같은 느낌이 들었다.

바람이 짧게 얼굴을 스쳐갔다. 나는 카메라를 꺼내 필터를 끼우고 자연에 동화되기 위해 지리산의 장엄한 광경을 찍어가기 시작했다. 카메라 셔터 내려가는 소리가 유달리 마음속에서 크게 울려 퍼진 하루였다.

글쓴이 임창석은 39세의 정형외과 전문의이며 문학사상 신인상을 통해 등단한 소설가이기도 하다. 현재 한일병원 정형외과 과장으로 재직중이며, 작품으로는 삽화소설 〈빨간 일기장〉, 장편소설 〈정도령〉 등이 있다. 그는 수상소감에서 "난 의료인 모두가 의학을 지식으로 보지 않고 마음으로 보길 원한다. 그 이유는 병을 치료할 수 있다는 가능성과 확률보다는, 병을 다스릴 수 있는 정성과 끈기가 환자에게 더 희망을 줄 수 있다는 사실을 경험했기 때문이다."라고 썼다.

촌지에 대한 묵상

의과대학생에서 의사로 인정받는 과정을 무사히 넘긴 후, 풋내기 의사로서의 첫 경험을 부산백병원에서 하게 됐다. 일의 서투름과 환자들의 시선에서 느끼는 당황함에서 어느 정도 벗어날 무렵, 나는 여러 번 '촌지'라는 물건을 접할 기회가 생겼다. 물론 이제 생각하면 그 촌지라는 것이 모두 다 '잘 봐 달라'는 아부성 인사가 아니라, 서투르지만 열심히 환자를 대하고 진료에 임한 데 대한 고마움의 표시도 있었던 것 같다. 하지만 당시 풋내기 젊은 의사였던 나는 그 촌지라는 것에 대해 상당한 거부감이 있었고, 촌지를 받음으로 인해 내가 입고 있는 흰색 가운이 퇴색되는 듯한 결벽증에 가까운 반발심이 있었던 것 같다. 또한 그 결벽증은 지나치리만큼 방어행동을 유발했고, 어떤 때는 촌지내미는 손을 부끄럽게 만들만큼 큰 소리로 환자나 보호자를 윽박지르기도 했다.

"대체 이 봉투 안에 얼마나 들어 있는지는 모르겠지만, 환자분에 대한 제 마음은 이 봉투 안 금액보다 훨씬 클 겁니다. 돈을 주시려거든 1~2억이면 모를까, 아니면 그냥 두세요."

어쩌면 사소한 돈에 연연해하지 않는 의연한 모습에 스스로 대견하기도 했고, 오늘도 내 가운 색깔을 하얗게 지킬 수 있었다는 데 묘한 자부심 같은 것도 느꼈던 것 같다. 이 세상에서 나 혼자만이 양심과 의리로 똘똘 뭉쳐진 정의의 의사상(醫師像)이라는 착각도 함께….

레지던트 1년차였던 여름 어느 날이었다. 퇴근하며 평소 습관대로 응급실에 슬쩍 들렀는데 응급실 인턴이 불쑥 흉부 X선 사진 한 장을 내밀었다.

"저, 선생님 …. 기흉인 것 같은데요, 양쪽이 다 이상한 거 같아요."

"오늘 당직은 박○○ 선생인데, 콜은 했니?"

귀갓길을 막아서는 인턴에게 당당히 비번임을 알리고 슬쩍 사진에 눈길을 주는데, 아뿔싸, 이건 진짜로 양측성 기흉이었다. 그것도 상당량의 긴장성 기흉 ….

서둘러 환자가 누워 있는 침대에 다가서는데 벌써 환자는 호흡정지가 오기 시작했고, 입술과 안면 모두에 청색증이 생기고 있었다. 흉관삽관 처치를 할 시간적 여유가 없어 11번 메스를 양쪽 가슴에 깊숙이 박아 넣어 돌렸다.

'피시식….'

이쪽저쪽 팔딱팔딱 뛰어다니며, 고래고래 고함지르고, 응급실 간호사들 닦달해 대면서 흉관을 4개나 삽입해야 했다. 내가 흉부외과를 선택한 보람과 매번 퇴근할 때마다 응급실을 들러보는 고생이 한꺼번에 보상받는 순간이다. 우주 로봇처럼 4개의 흉관으로 공기를 보글보글 뿜어내는 환자, 조금 늦게 연락 받고 응급실에 달려오신 교수님, 과분한 칭찬, 겸손을 가장한 채 우쭐대며 삐질삐질 땀에 절어 서 있는 나 ….

다음날 오후 회진 후, 의국으로 향하는 나를 투박한 경상도 사투리로 부른 사람은 그 환자의 보호자였다.

"선상님예, 이거 가져다가 잡사 보시소. 변변찮아 죄송합니데이…."

빨간 고무 대야 가득 담겨 있는 것은 이상한 냄새가 나는 물이 뚝뚝 떨어지는 피조개…. 나는 이제껏 한번도 촌지를 받아본 적이 없는 정의로 뭉쳐진 의사가 아닌가? 그런데, 이상하고 냄새나는 피조개라니…. 내 가운 색깔을 걸고 근엄하게 거절해야지….

"예, 보호자분 마음은 알겠는데, 이러시지 않아도 괜찮습니다. 다시 가져가세요."

그 순간, 아주머니의 순박하지만 애매한 표정…. 그것은 원망이자 질책이었던 것 같다. 이어지는 넋두리는 고마움을 표시하고 싶은데 돈이 없다는 것과 나에게 갖다 주려고 그날 새벽부터 직접 갯벌에서 잡은 조개라는 것, 며느리가 완행기차 좌석 표를 끊어주었으나 객차 내 에어컨이 없어서 더운 날씨에 혹시 조개가 상할까봐 객차와 객차 사이의 연결 통로에 놓아두고는 누가 가져갈까봐 결국은 조개 옆에서 불편하게 몇 시간을 앉아 와야 했던 이야기, 그리고 변변찮은 물건이지만 꼭 받아달라는 거듭되는 간절한 부탁….

참으로 죄송했다. 무지 부끄러웠다. 알량한 자존심으로 순박한 아주머니의 마음을 철저히 무시했다는 죄책감이 무겁게 가슴을 짓눌렀다. 그리고 눈물나게 고마웠다. 새벽 깜깜한 갯벌에서 조개를 잡으면서 무슨 생각을 하신 건지, 내가 이상하고 냄새나는 조개 나부랭이로 생각했던 것이 그렇게 수고롭게 가지고 오신 고마운 물건이라는 것이….

그 피조개는 이틀 후 큰집 제사상에 올려졌고, 처음으로 감사하는 마음으로 촌지를 받아들인 후 많은 생각의 변화가 있었다. 이후 그 아주머니는 집에서 직접 짠 참기름이며 직접 빻은 고춧가루라면서 부지런히 특이한 촌지를 가져다 나르셨고, 난 여전히 흰 가운을 입은 채 고소한 참기름에 밥을 비벼 먹을 수 있었다.

아마도 레지던트 2년차였던 것 같다. 어떤 과를 불문하고 레지던트 수련 과정 중 2년차가 가장 힘들다. 일도 제일 많고, 아래 신규 1년차 선생들 감독해야 하고, 혹시라도 1년차 일에 실수가 있으면 어김없이 같이 야단맞아야 하고 ….

당시 나는 박 선생과 더불어 '○○병원 최고의 콤비 플레이를 자랑하는 환상의 복식조' 라고 자화자찬하며 수련기간 중 가장 힘들다는 2년차 생활을 나름대로 즐겁게 보내고 있었다.

환자는 처음부터 좋지 않았다. 우측 폐암으로 서울 모 병원에서 우측 전폐절제술(全肺切除術)을 받았으나, 회복 도중 수술 부위의 감염으로 인한 농흉(膿胸) 발생과 수술창상 파열, 그리고 기관지늑막루(氣管支肋膜漏)가 형성돼 있었다. 우측 가슴 절반 이상이 개방돼 있어 전폐절제술로 인해 텅 비어버린 가슴속이 고스란히 드러나 보였고, 그 빈 공간은 악취를 풍기는 진한 고름으로 반쯤 차 있었으며, 주변 근육과 뼈, 신경, 결체조직은 그 형체를 정확하게 구분할 수 없을 정도로 흐물흐물 녹아 한데 뭉쳐져 있었다. 또한 파열된 기관지 봉합부위에서는 환자가 숨쉴 때마다 우측 가슴부위로 환자의 호흡이 고스란히 빠져버리는 기관지늑막루가 생겨, 눕지도 못하고 늘 앉아서 숨을 헐떡이는 극심한 호흡곤란 증세를 보였다. 창상조직 소독을 위해 환자 옷을 벗길 때면 흡사 영화에서 보았던 거대한 괴물의 흉측한 아가리에 물린 것 같은, 아니 창상부위 자체가 거친 숨을 토해내는 괴수의 아가리인 것 같은 착각이 든 적도 많았다. 언제나 국소마취제와 마약성 진통제를 투여해야만 창상소독이 가능했고, 그것도 호흡곤란증 때문에 10여 분을 계속하지 못했다. 반복되는 극심한 통증과 호흡곤란으로 인한 불면의 밤은 계속됐고 가슴 부위의 괴수는 나날이 흉측한 그 아가리를 더 크게 벌렸다. 모든 항생제에 내성을 보이는 포도상구균(葡萄狀球菌)이라는 무시무시한 침을 줄줄 흘리면서….

어느 날 밤, 당직 병동 한쪽이 무척 소란스러웠다. 된다느니 안 된다느니 언성이 높아지다가 결국 무엇이 깨지는 소리가 들렸고 비명소리 같은 것도 들렸다. 가슴 한 부분에 괴수를 키우는 그 환자의 병실이었다. 최근 며칠동안 계속 일어나는 작은 소동이었으나 오늘은 심각한 편이었다. 의료진 모두를 놀라게 할 만큼 잘 참고 이겨내던 그가 통증과 불면에 굴복해버린 것이었다. 모든 치료를 포기하고 조용히 생을 마감하고 싶어하는 환자와, 다른 사람들은 감히 쳐다보기도 끔찍한 창상소독 때 늘 환자 손을 잡고 조용히 격려하던, 평소 그를 끔찍이 간호하던 아내와 아들 사이의 대립이었다. 이윽고 아내와 아들이 물기 가득한 눈을 한 채, 담당의가 최후로 설득해 주기를 간절히 원했다.

그의 병실은 엉망이었다. 날아가 깨진 꽃병이며, 흥건한 물, 바닥에 내팽개쳐진 시든 장미와 안개꽃, 밟혀서 제 본래의 색을 잃어버린 시트, 그리고 그 방에서 가장 초라하고 엉망인 그가 흥분으로 인해 더 헐떡거리면서 벽에 기대앉아 있었다.

힘들게 아는 척하는 그에게 며칠만이라도 더 경과를 기다려 보자며 거짓 희망을 제시했으나 이미 어둠과 고통에 굴복해버린 그는 조용히 머리를 가로저었다. 열려진 가슴 부위를 닫아줄 것을 가쁜 호흡을 몰아쉬며 힘들게, 그러나 분명한 어조로 부탁했다. 결국 담당 교수의 승인 후, 창상봉합을 복식조의 일원인 박 선생이 맡았다. 그 궂은 일을 내가 맡지 않은 안도감을 담배 한 대에 실어 보내고, 서너 시간은 족히 고생하리라는 생각에 불쌍한 박 선생을 위로할 겸, 무심히 그의 병실 문을 다시 열었다.

참으로 …. 참으로 놀라운 인내력의 극치였다. 평소 가벼운 창상치료를 하는데도 호흡곤란과 통증 때문에 한 시간여는 너끈히 걸렸던 환자였다. 그가, 그 환자가 아랫입술을 으스러지게 깨물고 벽을 향해 앉아 있었고, 박 선생은 그의 등 뒤에 드러난 괴수의 아가리를 닫기 위해 마치 야차(夜叉)처럼 손을 놀리고 있었다. 헐떡헐떡 금방이라도 정지할 것만 같이 호흡하면서도 그는 벽에 왼손가락으로 무엇인가를 주문처럼 끼적이고 있었다.

'집, 집, 우리 집, 박○○(아내 이름), 정○○(아들 이름).'

결국 괴수의 아가리는 닫혀졌고, 이내 극심한 호흡곤란이 그에게 닥

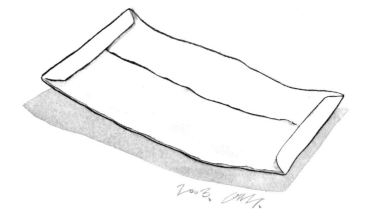

쳐오는 것이 분명한데도 돌아서는 박 선생과 나를 돌려세워 억지웃음을 지으며, 힘든 손짓으로 2만원씩을 쥐어주려 했다. 죽음의 신들이 벌써 등뒤에 도열해있는 그의 손에서 힘들게 건네지는 촌지를 우리는 가슴으로 받았다. 그는 그렇게 원하던 집으로 갈 수 있었고, 그 날 우리 복식조는 새벽까지 술을 마셔야만 했다. 그가 쥐어준 촌지는 결국 꺼내지도 못했다. 훗날 세월이 흘러 그와 하늘나라에서 다시 만난다면 기필코 돌려주고 싶은 쓸쓸한 촌지다.

글쓴이 한일용은 34세의 흉부외과 전문의로, 현재 인제의대 부산백병원 흉부외과 교수이다. 그는 수상소감에서 "이제는 믿습니다. 오히려 헤어지는 사람의 뒷모습에서 건져 올릴 아름다운 추억과 희망이 있다는 것을…, 그것으로 인해 소중히 제 마음속을 차곡차곡 채워나가 더 큰 만남을 준비할 수 있음을…. 이제 '의사'라는 이 길에 처음 들어섰을 때의 설레던 기대감으로 다시 남은 길을 떠나보려 합니다."라고 썼다.

114병동에서

서울 시내 모 병원 '114' 병동은 내가 내과 레지던트 1년차로서 첫 달을 보낸 곳이다. 114라는 숫자는 좀 특이한 의미를 가지고 있는데, '백십사' 병동이라고 불리기도 하지만, 자주 그 별칭인 '텍사스' 병동으로 불렸다. 그렇게 불린 것은 발음이 묘하게 비슷하기도 했지만, 거칠고 황량한 어감 그대로 중환(重患)들이 득시글대는 주치의의 무덤(?)이었기 때문이기도 한 것 같다.

중환만 모아 놓으려고 한 것도 아닌데 어째 그 당시엔 그랬다. 중환이 상태가 나빠지는 데는 때가 따로 없는 법이라 밤에 사망하는 일이 많고, 밤에 입원실이 비어 있으면 응급실에 기다리고 있던 중환자가 재깍 자리를 메우는 악순환이 거듭되다보면 유달리 특정 병동에 중환자가 모이는 상황이 벌어지기도 했다. 그때 114병동이 그랬다.

이곳에는 당시 병원 안에 유일한 9인실이 있었고, 환자가 바글거리는 그 병실에 들어설라치면 먼지바람 몰아치는 텍사스 벌판에 홀로 선 총잡이라도 된 듯, 어디선가 총알이 날아올 것 같은 긴장감과 한없는 고독감(?)이 밀려왔던 것을 기억한다. 서부극 총잡이가 입는 폼 나는 코트 대신 제때 세탁 못해 지저분한데다 권총이 아니라 청진기에서부터 온갖 잡동사니로 가득 차 주머니가 늘어진 볼품없는 가운을 펄럭이고 있었지만 말이다. 이 9인실에서 간경변증 환자 세 명이 거의 동시에 토혈을 해 아수라장이 됐던 악몽 같은 일도 있었다. 아, 참 험하디 험한 곳이었다. 그러니, 당연히 기억에 남는 일이 많을 수밖에 없다.

시간의 위력은 대단해서 엔간한 것들은 다 잊게 만들고, 그 당시에는 그토록 격렬한 감정을 일으켰던 일도 훗날 돌아보면 '내가 그때 왜 그랬나?' 하고 의아하게 만드는 법이다. 하지만, 꽤 오랜 세월이 흐른 지금도 필자는 그때 만난 한 환자를 생각하면 가슴이 미어지고, 참담함에 눈물이 솟아오를 듯한 느낌에 젖는다.

이제 그 환자 이야기를 해 보자. 그녀는 50대인 말기 담낭암 환자로 한마디로 대책 없이 죽을 날만 기다리는 환자였다. 가족들도 참으로 조용하게 힘든 시련을 견뎌 냈고, 본인도 어떻게 마음을 정리했는지 놀라울 정도로 평온해 보이고 사소한 일에도 고마워하는 것이어서 안 됐다는 마음이 들 수밖에 없었다.

아프다면 진통제를 투여했고, 잠이 안 온다면 수면제를 주었고, 힘들 어하는 기색이 보이면 어깨를 토닥여주었다. 그리고 그뿐이었다. 그녀 에게 더 이상 아무 것도 해줄 게 없다는 사실이 참으로 안타까웠다. 그 녀의 상태는 서서히 나빠져 갔다.

그러던 어느 날 밤이었다. 나는 당직은 아니었지만 거의 모든 초년병 주치의들이 그렇듯 늦게까지 병동에서 일을 끝내지 못하고 있었다. 또 병원에서 하룻밤을 지내야 할 형편이었다. 그때, 그녀의 상태가 이상하 다는 간호사의 보고가 있었다. 가보니 호흡이 몹시 곤란한 상태였다. 쇠약한 상태였지만 한동안 별 변화가 없었는데, 갑자기 웬일일까. 흉부 엑스레이를 찍어본 나는 기겁했다. 한쪽 폐가 전혀 보이지 않았다. 적 극적 치료는 포기한 환자여서 괜히 이것저것 검사할 이유가 없었기 때 문에 한참동안 사진 찍은 것이 없어서 언제부터 이 지경이 됐는지 알 도리가 없었다. 악성종양의 전이로 흉수가 찬 것이며, 이를 뽑아주면 일단 환자가 편해질 것이라는 판단에 도달했다. 뭐라도 환자를 위해 해 주고 싶었던 탓에 덤벼들었던 것이지만, 이것은 분명 오판이었고, 이 오판으로 인해 엄청난 사고를 치게 될 운명이었던 것이다.

바늘과 큼직한 주사기를 준비해 옆구리를 찔러 늑막강에서 물을 빼려 고 시도했다. 헌데 이게 웬일인가? 분명 늑막강에 도달할 정도로 찔렀다고 생각되는데 물이 전혀 나오지 않는 것이다! 방향을 조금 바꿔서 찔렀지만 결과는 마찬가지였다. 나는 바늘을 뽑고 다시 엑스선 사진을 걸어놓고 생각에 잠겼다. 혹시 흉수가 찬 것이 아니라 폐가 짜부라든 것일까? 낭패감이 들었다. 엑스레이를 열심히 뜯어보면서 감별해보려 애쓰고 있는데, 순간 다급한 환자 보호자의 비명이 들렸다.

나는 황황히 환자에게로 뛰어갔고 병실에서 벌어지는 참으로 끔찍스런 광경을 목격할 수 있었다. 환자가 느닷없이 엄청난 각혈을 시작했던 것이다. 혈액량이 많아 순식간에 환자의 기도를 막아버렸고, 눈 깜짝할 사이 의사가 보는 앞에서 환자는 질식해 쓰러졌다.

'클리프행어'라는 영화를 본 이는 알겠지만 영화 초반 주인공(실베스터 스탤론)이 조난자 구조에 나섰다가 손을 놓치는 바람에 천길 낭떠러지로 떨어지는 사람의 눈을 쳐다보고 나서 괴로워하는 장면이 나오는데, 영화 자체는 정말 별 생각 없는 액션 영화지만 그 장면만큼은 내 가슴을 철렁 내려앉게 한다. 각혈로 기도가 막혀 숨이 끊어져가며 나를 쳐다보고 있었던 그 환자의 눈을 잊을 수가 없다.

아무런 조치도 소용이 없었다. 끝이었다. 거의 순식간에 한 사람을 저 세상으로 보내고 말았다. 내가 이 환자를 죽인 것일까? 섣부른 늑막천자가 폐혈관 중 하나를 재수 없게 건드리면서 각혈이 초래된 것인지, 아니면 그저 까마귀 날자 배 떨어진 것인지 진실은 아무도 모른다. 하

지만 지금 생각해 보아도 내 잘못으로 환자의 명을 재촉했을 가능성이 매우 높다. 나는 망연자실했다. 돌아가실 분이라고 이미 오래 전에 마음을 정리한 탓인지 가족들은 차라리 덤덤하게 죽음을 받아들였다. 가족에게 도대체 무슨 말을 해줘야 하는지 가슴이 터질 것 같고 목이 미어지는 것 같았다. 참담한 심정으로 멍하니 서 있는 나에게 그 자리를 지키던 환자 보호자가 한마디 했다.

"저희는요, 어머니가 돌아가실 거 이미 다 알고 있어서 선생님한테 바라는 게 아무 것도 없었어요. 그저 사시는 동안 가능하면 편안하게 지내시고, 돌아가실 때 식구들이 다같이 임종할 수 있기 바랐어요. 근데 이게 뭐예요. 이렇게 갑자기, 임종도 못하고 ….."

흐느끼는 환자 보호자에게 아무런 할 말이 없었다. 유령 같은 모습으로 흐느적거리며 당직실로 돌아온 나는 불을 켜지도 피에 물든 가운을 벗지도 않은 채로 침대 위로 풀썩 쓰러졌다. 그때, 찔찔한 뭔가가 눈에서 흘러내려 귓바퀴에 고였다. 도대체 난 뭔가? 무슨 짓을 하고 있는 건가? 의대에 들어온 이후, 그리고 의사가 된 후 처음으로 이 길을 택한 것을 뼈저리게 후회했다. 환자 시신을 실은 관 운반차가 삐거덕거리며 가족의 흐느낌과 함께 당직실 문 앞을 통과하는 것을 들으면서 난 이 짓을 당장 집어치워야겠다고 어둠 속에서 굳게 결심했다. 가족이 고소해도 좋다. 잘못했다고 말하고 감옥에 가야지. 다 때려치우자. 네가 의사라고? 개똥이라 그래라. 바보같이 눈물만 하염없이 솟았다.

잔인하게도 아침은 어김없이 찾아왔다. 난 법정에 불려나가지도 않았고 그 개똥같은 의사질을 집어치우지도 않았다. 그저 여느 아침과 마찬가지로 부스스 일어나 눈곱을 떼곤 병동으로 나가서 환자를 둘러보고 차트를 뒤적였다. 간밤 그 엄청난 사고를 치고도 아무 일도 없었다는 듯이 일하는 자신이 더 비참하게 느껴졌다. 아니, 그냥 악몽이었으면 하는 생각마저 들었다.

"어? 이 환자 익스파이어(expire, 의사들은 그냥 '죽었다'고 말하기가 뭐하면 이 문어체의 어려운 단어를 쓴다)했네?"

병동에 나타난 동료가 말했다. 그녀의 말투는 오늘 날씨 참 구질구질하네, 하는 정도로 들린다. 그게 별로 이상한 일은 아니었다. 왜냐하면 삶과 죽음은 드라마가 아니라 평범한 일상이기 때문이다. 의사와 장의사는 어떻게 다른 것일까? 의사와 사람 백정은 또 어떻게 구별해야 하나?

지금까지 이 의사라는, 천당 가기는 완전히 글러 먹은(천당이란 게 혹시나 있다면 말이다) 직업을 계속 가지고 있는 것은 순전히 딴 일로는 벌어먹을 재주가 없는 무능함과 용기 없음 때문일 것이다. 환자에게 해주는 게 도대체 뭔가? 해를 끼치지나 않으면 다행 아닌가? 그럼에도 불구하고, 나는 불쌍할 정도로 초라하고 궁색한, 의학이라는 이름의 과학을 믿는다. 설사 강력하고 전지전능한 것과는 거리가 멀다고 할지라도, 언제 흉기로 돌변할지 모르는 양날의 칼일지라도, 사형수의 목을 조이는 밧줄 같은 절박한 한계를 느낄지라도 나는 믿는다. 세상에 흘러넘치는 돌팔이의 말도 안 되는 만병통치약과 그럴싸한 사기술, 신비스런 초능력과 영혼의 신통력을 믿느니 이 의학이라는 우울한 이름의 과학을 끝까지 따를 것이다.

그래서 나는 여전히 이 자리에 있다. 그것은 아마 존경받는 '선생님'이 되거나 불쌍한 곡마단 줄타기 곡예사가 되거나 인간 백정이 되어 저주를 받거나 간에, 누군가는 있어야 할 자리이기 때문이다. 그것이 왜 하필이면 죄도 많고 능력도 하잘 것 없는 나인지는 잘 모르겠지만 말이다.

벌써 10년도 더 된 일이다. 어차피 돌아가실 분이었는데, 하는 생각을 애써 해봐도 묵직한 마음 한 구석이 가벼워지지 않는 것은 왜일까? 죄송하다고 해야 할지, 그냥 명복을 빈다고 해야 할지, 정말 잘 모르겠다. 아니면 내 손에 쥐어진 의술이란 것이 얼마나 겁나고 두려운 것인지 뼈저리게 깨우쳐 주었으니 감사하다고 해야 할지. 뭐라 할 말이 없다.

글쓴이 성지동은 37세의 내과 전문의로, 현재 삼성서울병원 건강의학센터 및 순환기내과에서 일하고 있으며 주로 심장질환의 예방에 관심을 갖고 있다. 그는 수상소감에서 "의료 사고로 가족을 잃은 분께 뭐라 할말은 없습니다. 나도 가슴 아프니까 알아달라고 한다면 웃기는 소리겠지요. 그래도 의사가 멀쩡한 사람을 잡고도 눈 하나 깜짝 않는 악마는 아니고 사고 당사자나 마찬가지로 감당하기 어려운 마음의 짐을 지게 되는 평범한 인간이라는 당연한 사실을 얘기하고 싶었습니다."라고 썼다. "이건 무슨 업보라고나 할까요. 의사는 아무래도 전생에 죄 많은 사람이 아닐까 싶습니다."라는 말과 함께.

나도 그렇게 아름다울 수 있을까?

"선생님 잘 지내시는겨?"

수화기에서 낯익은 목소리가 들린다. 이전에 근무했던 보건지소의 여사님(보건지소에서 일하는 보건직 공무원을 부르는 관행적 호칭. 나이가 지긋한 아주머니들이 많아서 이런 이름이 붙여진 듯하다)이었다. 근무지를 옮긴 후 내 생활이 어떠한지 궁금하기도 하고 그간의 안부도 궁금해서 전화를 하셨단다. 오래간만인데도 전혀 서먹함이 없는, 예의 정감 있는 사투리가 반갑다. 요란스럽게 한층 높은 톤으로 인사를 건네신다.

"그래, 신혼 재미는 좋으신겨? 이제는 지겹지 않고 살맛 나지예?"

난, 그냥 그렇죠 뭐, 하며 멋쩍게 웃어넘긴다. 떨어져 있는데도 잊지 않고 기억해주니 참으로 고맙다. 그러고 보니 같이 생활하던 때가 엊그제 같았는데 벌써 1년이 다 돼 간다. 농촌생활을 해 본 적 없던 내가 지난 1년 동안 안온하게 지낼 수 있었던 것도 이와 같은 여사님들의 인정 덕분이었다. 단지 그분들뿐이랴. 생각해보면 진료 받으러 오는 환자들이나 이웃 주민 모두 나에게는 고마운 분들이었다. 대학병원의 빡빡한 일정으로 정신없이 내달렸던 내 생활 속에 마음의 여유와 인정을 느끼게 해주었으니까. 바쁘던 수련생활을 접고 연고도 없는 이곳에 처음 왔을 때의 막막함. 한가로움이 도를 지나쳐 너무나 무료한 나날이 계속되자 이런 생활을 3년간 하다가는 얼마 안 되는 지식이지만, 솔솔 머리에서 새 나가 마침내 텅 비어버릴 것 같은 묘한 불안이 내 생활을 흔들었다. 다행히 인심 좋은 이웃 분들과 같이 일하는 여사님들의 도움으로 이내 여유를 찾았지만. 가끔은 시골 사람들의 풋풋한 순박함이 나를 미소 짓게 하기도 했다. 이런저런 담소를 나누다가 문득 할아버지 한 분이 떠올랐다.

"아, 그분이요? 건강히 잘 지내고 있어요. 올 때마다 선생님 안부를 묻는데 제가 선생님은 신혼 재미에 빠져 잘 지내신다고 했어요."

다행이다. 그렇지 않아도 걱정이었는데. 할아버지를 기억하는 것은 할머니에 대한 그분의 각별한 사랑 때문이다.

할아버지는 3일에 한 번씩은 꼭 보건소로 오셔서 부인의 병에 대해

상담하시는 분이었다. 그 분과의 첫 대면을 아직도 기억한다. 처음 오자마자 대뜸 약 봉지를 들이대면서 그대로 지어달라고 했다.

"심장이 안 좋고 당뇨가 심하니 꼭 이대로만 지어줘야지, 다른 약 잘못 먹으면 큰일 나."

엄연한 전문의 자격증이 있어도 할아버지는 시골 보건지소의 의사보다는 그래도 큰 병원 의사에게 더 신뢰가 가는지 막무가내였다. 환자도 데려오지 않고 남이 지은 약만 그대로 처방해 달라고 하는 것에 자존심이 상했지만, 차근히 환자 상태를 들을 수 있었다. 할머니는 오래 전에 심장판막 수술을 받고 당뇨병으로 인슐린 치료 중이었는데, 얼마 전부터 혈당 조절이 잘 안되고 하지에 부종이 생겼다는 것이다. 신경염에다 위장도 안 좋아 늘 약을 달고 지내는 통에, 꺼낸 약봉지가 수북했다.

"그렇지 않아도 얼마 전에 병원에 입원했다 퇴원했는데 영 당 조절이 안 되네. 부기는 좀 빠졌는데."

근심 어린 말투로 날마다 아침저녁으로 검사한 혈당표를 내보이셨다. 서투른 글씨체의 아라비아 숫자가 커다랗게, 그러나 꼼꼼히 적혀 있다.

"이거 할아버지가 일일이 적으신 거예요?"

"그럼 누가 해. 마누라는 눈도 잘 안 보이는데."

당연하다는 듯 말씀하셨지만 쉽지 않은 일이다. 귀찮을 수도 있고 입버릇처럼 그냥 이대로 살다죽지 뭐, 하며 대체로 자신의 병에 무덤덤한 것이 시골 노인 분들이니까. 갑자기 할아버지가 친근하게 느껴졌다. 인슐린 용량도 많이 쓰고 있는데 혈당수치는 삼백에서 오백을 넘나들었다.

"식사는 잘 하세요? 가려 드시지 않는 거 아니에요? 가볍게 산책 같은 것은 좀 하세요? 병원에서 검사는 괜찮다고 하나요?"

이런 저런 걸 다정하게 물어보고 편안히 자신의 이야기를 들어줘서일까? 그러면 할머니를 한번 데려오겠다며 휑하니 나가셨다.

진찰 받으러 오신 할머니는 안색이 무척이나 안 좋았지만 다행히 하지 부종은 심하지 않았다. 할머니가 식사를 잘 못해 여러 가지 좋아하는 간식을 할아버지가 대신 해줬다는 얘기도 들을 수 있었다. 식사 조절하는 법을 가르쳐 드리고 검사에서 다른 이상은 없어 처방 받은 항목을 참고해 약을 조절해 주었다. 어차피 거리가 멀고 경제적인 부담으로 자주 병원에 가지 못하니 보건지소라도 가끔 와서 진찰을 받으라고 덧붙였다.

"병원에서는 다들 바빠서 물어볼 수가 있어야지."

가시면서 툭 던지신 한마디가 정신없이 바빠하며 환자들과 많은 대화를 못했던 내 지난 수련 생활을 질책하는 것 같아 얼굴이 화끈거렸다. 이후 할아버지는 할머니에게 조그마한 변화가 있으면 시도 때도 없이 방문했다. 어떤 때는 늦은 밤에 불쑥 전화를 하기도 하고 이른 아침에 찾아와 잠을 깨우기도 했다.

　나중에야 알게 된 사실이지만 할아버지와 할머니 두 분은 각자 배우자와 사별하고 3년 전에 새로운 인생의 동반자로 만나셨다고 하는데, 이후 내가 본 할머니에 대한 할아버지의 정성은 정말 대단했다. 진찰받으러 보건소에 오실 때마다 애지중지 할머니의 손을 꼭 잡고 다니시고, 급하게 할머니 상태가 안 좋아지면 한밤중이라도 90cc 오토바이를 덜덜 끌고 와 어떻게 해야 할지 상담하시곤 했다. 마치 평생을 같이 산 사람처럼 할머니에 대한 사랑은 각별했다. 새로 만난 상대방이 날마다 아프면 그 치료비도 만만치 않을뿐더러 '왜 내가 이런 사람 만나서 고생이냐' 싶어 그 짜증이 이만저만 아닐 수도 있을 법한데, 할아버지는 한 번도 그런 내색을 보인 적이 없었다. 노구(老軀)인 자신의 몸도 불편하실 텐데 말이다.

　"그래도 할망구라도 있으니 늦게나마 내가 복이지, 뭐."

　한번은 넌지시 할머니 간병이 힘들지 않으시냐고 했더니, 오히려 자신이 더 행복하다는 말씀을 하셨다. 그래도 상대에게 도움과 사랑을 줄 수 있어서 다행이라고. 어느 종교 교리보다 가슴에 와 닿는 이야기였다.

　어느 날은 폭설로 춥고 미끄러운 눈길에도 불구하고 할머니가 붕어빵을 먹고 싶다고 해서 신문 봉지 가득히 손수 붕어빵을 사 갖고 오셨다.

당뇨에 이걸 먹어도 되냐고 물으시면서. 사랑하는 사람을 위해 뭐든지 해주고 싶지만 자신의 무지가 오히려 해가 되지 않을까 내심 걱정돼 오셨단다. 할아버지의 머쓱한 웃음과 대답을 기다리는 순박한 표정이 생각난다. 할머니 부종도 빠진 지 오래고 혈당도 좋으니 맛있게 드시라고 했다. 두 분의 환한 웃음이 아직도 기억에 생생하다. 그 말이 무슨 대단한 말이라고 좋아하고 기뻐하시는 얼굴. 가실 때 할머니 손에 장갑을 끼워주고 목도리를 둘러주며 옷깃을 따뜻이 여며주는 할아버지의 모습. 그리고 두 손을 맞잡고 보건지소를 걸어 나가는 모습이 너무나 아름다워 보였다. 저무는 생의 동반자로 다시 만나 자신이 처한 삶의 자그마한 부분을 감사히 여기고 서로를 위하는 두 분 모습이 가슴을 뭉클하게 했다.

'나도 늙어서까지 그렇게 아름다울 수 있을까?'

그 순간 이런 생각을 했던 것 같다.

"선생님 그럼 잘 지내시고 사모님한테 잘해 주세이. 또 보시더."

여사님과의 통화를 마치고 그 때의 일들을 다시 떠올리니 마음이 훈훈해진다. 갓 결혼해서 티격태격하며 지내는 내 생활이, 할아버지 할머니를 생각하면 우습기만 하다. 의학적으로는 내가 그 분들한테 도움이 됐는지 모르지만 오히려 삶을 아름답게 살아가는 모습은 내가 그 분들에게 배운 것 같다. 다음 주 장날에는 한번 시간 내서 보건지소를 찾아야겠다. 두 분이 손잡고 진료 받으러 오시는 모습이 무척이나 보고 싶다.

글쓴이 김탁용은 33세의 내과 전문의로 현재 인제고려병원에서 일하고 있다. 자신의 생각을 활자로 멋지게 표현할 수 있는 사람들을 부러워하는 그는, 자신의 가슴 속에 들어온 절절한 감정을 겸손하게 한번 옮겨보고 싶었을 뿐이라고 말한다. 따뜻하고 순박한 시골 환자분들께 늘 고마움을 느끼고 있다는 그는, 철인 3종 경기 완주를 위해 맹연습중이기도 하다.

유 성 우 떨 어 지 던 날

참으로 신기한 일이었다. 하루 종일 호출기가 한번도 울리지 않은 날이 2주째 지속됐다. 하루에도 수십 번 우렁차게 울려댔는데….

갑자기 변경된 근무 스케줄 덕에 2년차에 가서나 우아하게 근무할 방사선과 파견이 1년차 말로 앞당겨졌던 거였다. 2주간 한번도 갈아입지 않은 가운은, 판독기 앞에서 몇 번을 내려다 봐도 소매 끝이 깔끔해, 예전처럼 땟국을 감추기 위해 팔을 둥둥 걷어붙이고 다니지 않아도 됐다. 학생 땐 걷어붙인 소매와 드러난 팔뚝이 활동적 주치의의 상징으로 보였는데…, 훗훗. 발목이 퉁퉁 붓도록 이리 뛰고 저리 뛰면서 판독 의뢰하러 이 곳에 들르곤 할 땐 얼마나 방사선과 전공의들이 부러웠던가. 그러나 이것이 꼭 우아한 일만은 아니라는 것을 깨닫는 데는 오래 걸리지 않았다.

같은 자세로 꼿꼿이 앉아 있는 것은 수년 전까지는 익숙한 일상이었지만, 집중력이 예전 같지 않은, 육체노동에 익숙해져 있는 가정의학과 전공의에게는 마음을 콩밭에 보내기에 딱 알맞은 자세였다. 2주간 묵묵히 빠짐없이 나와 앉아 있었더니, 다소 유유자적했던 고(高)년차 파견을 보아왔던 방사선과 의국에서는 기특하다는 인상을 받은 듯했으나, 실상 이유는 판독실 외에 1년차가 가 있을 장소가 마땅히 없었기 때문이었다. 얼마 전 지하 4층 암흑생활을 벗어나 드디어 지상의 어느 골방으로 당직방이 옮겨진다는 소식에 그저 하늘을 볼 수 있다는 사실만으로 감사했지만, 이사 와서 보니 엘리베이터 옆, 아파트로 치자면 베란다에 해당하는 난방이 전혀 되지 않는 곳이었다. 그 골방에서의 생활은 얼어붙은 손을 녹이기 위해 문을 열고 나와 서 있어야 하는 시간이 많아짐에 따라 상당히 심각해지기 시작했다.

의국원들과 점심을 먹고 판독대 앞에 멍하니 앉아 있기를 몇 분, 파트너였던 2년차 선생님이 아직 들어오지 않고 있는데, 시선을 둘 데가 적당치 않아 책상 위에 놓인 몇 장의 필름을 꺼냈다 넣었다 했다.

'정상, 정상, 정상 …. 그 다음, 이건 꽤 묵직한데….'

걸어놓고 보니 참으로 지저분한, 보기만 해도 가슴 답답한 가슴이 눈앞에 달려 있다. 33세 남자. 풋내기 1년차 눈에도 몽글몽글 크고 작은 눈발이 날리는 그 사진은 분명 신체 어느 부위에서 지독하게도 끈질기게 달려온 몹쓸 암세포의 흔적이 분명했다. 이놈들이 어디서 왔나. 물론, 어느 인턴 선생님이 적었을 슬립지에는 아무 것도 없었다. 아직은 젊은 사람인데⋯. 부인에게 힘든 겨울이겠구나. 아니 혼자일는지도 모르지. 그럼 더욱 싸늘한 긴긴 겨울밤이 지속되겠지. 지속은 되려나? 스노우스톰(snowstorm), 스노우스톰 어피어런스(snowstorm appearance). 그래, 학생 적에 이렇게 표현한다 배웠다. 때로는 시적인, 때로는 익살맞은 너무도 적절한 용어들이 가끔은 서글펐었지. 하, 스노우스톰. 스노우 ⋯ 스톰.

그러고 보니, 가슴을 흔들어 놓던 이 곡을 작곡한 스비리도프도 올 초에 작고하지 않았던가. 문득 스치는 불길한 예감. 근데, 내게서 음악이 떠나간 건 언제부터였지? 아니, 내가 언제부터 음악을 떠나 있었나? 다시 병원생활 시작하고 나서 불과 몇 개월. 그래, 지금 난 참으로 건조하다. 아, 이 스노우스톰 중의 한 선율이 갑자기 사무치도록 그립다. CD는 어디다 두었을까. 얼른 기억이 나지 않는다. "○○○ 씨의 신청곡입니다."하며 퇴근길 라디오에서 문득 들려온다면. 내 심장은 다시 충분히 촉촉해질 텐데. 그렇지만 어정쩡한 이 가을날 누가? 대개는 첫눈 무렵쯤의 단골 손님이 아니었던가. 이렇게 아쉬울 수가⋯.

갑자기 판독실 직원이 뛰어 들어오며 소리친다.

"밖에 눈 와요, 첫눈이요!"

첫눈이라고? 벌써? 하기야 작년엔 11월 초였지. 창 밖을 내다보려는데, 아참, 여긴 지하 1층이잖아. 벌떡 일어나 저만치 앉아 있던 방사선과 1년차와 슬쩍 눈짓을 주고받고는 함께 옥외 정원이 있는 4층으로 뛰어올라간다. 정말 눈이구나, 히야. 가운을 입고 있었고, 주변에 구경나온 환자들도 꽤 있었지만 체면 불구하고 한참을 탄성을 지르고 좋아했다. 이제 그만 내려가야 하지 않을까, 눈치가 보이는지 방사선과 1년차가 시계를 본다. 훗훗, 지금쯤이면 우리가 뛰쳐나가는 걸 분명 흐뭇하게, 부럽게 지켜보던 스탭 선생님, 콧김이 나오실 때쯤이지. 마지못해 따라 내려가다가, "잠깐만, 화장실 들렀다 갈게."하고는 아쉬움 가득한 친구를 먼저 보낸 뒤, 다시 4층으로 향한다. 자판기에서 커피 한 잔, 우유 한 잔을 뽑는다. 한방 외래가 있는 4층은 1년차들에겐 가장 부담 없는 공간이다. 자투리 시간을 이용해 여유 부리며 커피 한잔 해도 누구한테 발견될까 걱정할 필요 없고, 그래서 가끔 4층에서 만나는 타과 1년차들은 눈인사만으로도 반갑다. 늘 그랬듯이 두 잔을 왔다갔다 섞어 황금비율로 더욱 부드러운 밀크커피를 만든 후, 다시 옥외 정원으로. 눈발은 좀더 굵어진 것 같다. 탄천을 바라다보는 위치, 한참 떨어진 위치에 있는 1인용 의자를 가까이 가져와 한 잔을 놓고 나머지 한 잔을 두 손으로 감싼다. 아 …, 참 따뜻하다. 어디로든 갔으면 좋겠다. 눈꽃열차라는 것도 있다던데….

"그거 버릴 거면 제가 마셔도 될까요?"

깜짝 놀랐지만 가운에 커피를 쏟지 않은 걸 확인하고서야 뒤를 돌아보는데, 그 사이 이미 종이컵을 집어든 그 사람은 당당하게 옆에 앉는 게 아닌가? 어이가 없어 한참을 뚫어져라 쳐다보았다. 어디선가, 안면이 있는 얼굴이었다.

"근데 왜 그때 전화 안 했어요, 학생?"

학생, 학생이라고? 아 …, 이럴 때 차라리 기억이 안 난다면 얼마나 좋을까. 분명 그 사람이었다. 본과 1학년 중 가장 기뻤던 날, 기말시험이 끝나던 그날도 첫눈이—거의 눈비라고 해야겠지만—내렸다. 지겨운 본1을 마감한다는 사실만으로도 가슴 벅차게 기뻤는데, 첫눈까지! 들뜬 마음에 현금인출기에서 얼마 남지 않은 금액을 몽땅 뽑아 나와 학교 앞 일대를 떠돌고 있었다. 우연히 발견한 신촌역 앞 레코드 가게, '가게 정리 세일.' 얼어붙은 몸이라도 일단 녹이고 보자고 들어갔다. 그런데, 우와, 아무렇게나 쌓여 있는 전집 음반과 그 뒤로 한쪽 벽면을 차지하고 있는 먼지 쌓인 음반을 몇 장 들춰보니, 평소에 갖고 싶던 소위 '명반'이 상당수였다. 몇몇 전집 음반 가격을 슬쩍 물어보니, 이게 웬 떡이냐 싶었다. 위에서부터 차근차근 내 턴테이블 위에서 행복하게 돌아갈 행운의 음반을 골라내기 시작했다. 그러다 자꾸만 옆에서 다른 한쪽에 음반을 쌓고 있던 동작 빠른 팔 하나와 몇 번을 부딪쳤다. 서로 어색한 웃음. 아래쪽에 쌓인 전집물을 뒤적이다 오이스트라흐 부자의 연주음반을 집어들려는데 반대 방향으로 향하는 인력이 느껴진다. 무안함에 다시 놓으려는 순간,

"학생, 그거 사실 거예요?"

"예에…."

"저도 꼭 사고 싶은데."

"…."

"그럼 그 쪽이 가져가세요."

한참을 빤히 쳐다보는데, 함박웃음을 배경으로 눈빛이 참 맑은 사람이구나 싶었다. 어정쩡한 가벼운 목례.

"어느 분 계산하시겠어요?"

점원의 말에 어색함에서 해방됐기에 아직 내 손이 닿지 않은 몇몇 전집물이 있음에도 나의 보물을 안고 계산대 앞에 섰다.

"○○○원입니다."

그런데, 지갑을 열어 보니, 모자랐다.

"얼마나 모자라시는데요? 요거 오이스트라흐 전집만 빼면 되겠네요."

하필 그 순간 한 무더기의 음반을 몇 번에 걸쳐 옆에 내려놓는 그 손님은 아까 그 사람이었다. 다른 음반들을 뒤적뒤적 했다.

"옆에 오이스트라흐까지 같이 계산해 주세요!"

밝고 우렁찬 목소리. 첨엔 그가 그 음반을 가져가겠다는 의미로 해석했다. 야속하기도 하지…. 조금 후에 내 보물들 위로 한 장의 종이가 얹혔다.

"이 전화번호로 연락하세요. 이따 갚으시려면."

20여 장에 달하는 그 무거운 음반을 안고 눈보라를 헤치며 어떻게 집까지 도달했는지 기억이 나질 않는다. 외투를 벗어놓기 전 거울을 스치는데 어느 가엾은 여인이 저 쪽에 서 있다. 자세히 들여다보고서야 깨달았다. 기말고사 마지막 날 본과 1학년의 몰골은 동정심을 자아내기에 충분했다는 것을. 이렇게 창피할 수가. 얼른 연락해서 통장번호를 알려달라고 해야지. 그래야 딱한 내 모습을 잊어버리겠지. 호주머니를 뒤적뒤적 하는데, 그 종이가 없다. 분명 오른쪽 호주머니였는데…. 왼쪽이었나? 여기도 없는데…. 이를 어떡하나. 내가 들고 있던 책에 적힌 학교 이름, 학과, 학번까지 봤을 텐데. 그 학교 무슨 과 애들 참으로 뻔뻔스

럽더군, 하면 어떡하나. 괜한 욕심을 냈구나. 그냥 다른 판 몇 개를 빼
놓고 올 걸.

얼굴이 화끈거린다. 하필, 여기서.

"저…, 그때 전화번호를 잃어버렸었어요. 연락할 방법이…."

마냥 웃고만 있다. 더 미안하게시리. 근데, 자세히 보니 좀 여위었다
싶었다. 아니, 정확히 말하면 심한 병색(ill-looking appearance)을 띠
었다. 매력적인 허스키와는 또 다른 쉰 목소리가 그 사실을 더욱 확실
하게 해 주었다.

"검사하러 왔어요. 가슴 사진도 찍고 피검사도 하고…, 또 주머니도
갈고…."

집게손가락 끝이 지퍼가 열린 파카 사이로 볼록한 왼쪽 하복부를 가
리키고 있다. 그것이 무엇인지 의사라면 다 안다. 화장실 가기 귀찮은
게으름뱅이들을 위한 주머니가 아니었다. 안방에 누워 흥미 없는 채널
을 이리저리 돌리다가 주머니가 볼록해지면 조금 전까지 내 몸의 일부
였던 그것들을 오물로 분류해 처리해야 하는 슬픈 사람들이 있다. 몇
마디 아닌 말 중간 중간에 벌써 기침을 여러 번 했다. 혹 아까 그 '스노
우스톰'이 이 사람의 가슴은 아닐까. 그러고 싶지 않아도 1년차의 본능
상 나는 초진환자의 입원차트(admission note)를 머리 속으로 쓰고 있

었다. 물론 추정진단(impression)까지도. 그러는 사이 그가 무슨 말을 했는지 기억이 나지 않은 것은 사이사이 추임새처럼 던지던 '학생'이라는 말이 계속해서 귀를 거슬렀기 때문이었으리라. 가운 호주머니에 분명 가정의학과 ○○○라고 버젓이 적혀 있는데. 하기야 이 사람이 내게 선생님이라 부를 이유는 없지 않은가. 내가 주치의도 아닌걸. 하지만 ○○○ 씨도 힘든가. 학생이라니, 학생이 뭔가. 괜스레 호출기를 꺼내 이리저리 눌러본다. 내가 '호출대기' 상태인, 실습생 아닌 이 병원 직원임을 은근히 보이고 싶어서였다. 찍힌 번호가 있을 턱없었다.

"아무 데서도 안 부르나 봐요. 학생은."

"파견 근.무.라 이번 달만 좀 한가해요."

"아까 그 동료는 일하러 가는 것 같던데⋯."

맙소사⋯. 아까부터 그럼 날 지켜보고 있었단 말인가. 이럴 때 동기가 간식 먹자고 호출이라도 좀 해 주면 좋으련만.

"시간이 많겠네요. 오늘밤에 별똥별 떨어지는 거 알아요?"

그래⋯, 빛의 우주 쇼. 우주 폭죽놀이. 대규모 유성우. 33년만의 우주 '쇼'를 한다고 며칠 전부터 매스컴에서 '쇼'를 했지. 어렴풋이 들은 풍월도 있었고 물론 관심도 있었지만, 관측하러 갈 생각은 못했다.

"들어보긴 했죠. 하도 선전을 하니까."

"오늘밤 관측하러 가는데 생각 있으면 따라와도 돼요. 학생."

"내일 아침 출.근.도 해야 하고 ···."

"서울 안에서도 관측 가능해요. 가까운 남한산 정도면."

"남한산이라는 산도 있나요?"

"북한산도 있잖아요. 남한산에 있으니 남한산성이죠."

한량이라는 사실은 이미 탄로 난 상태고, '보러'가 아니라 '관측'이라 하는 걸 보니 천문학에 일가견이 있는 사람 같아 보이기도 하고, 무엇보다도 내 싫은 내색을 간파했는지 더 이상 학생이란 말도 안 하기에 적당한 순간을 잡아 승낙해야지 했는데, 그가 한 박자 빨랐다.

"오늘 10시에 서현역에서 출발하지요, 커피 잘 마셨어요."

그가 먼저 일어섰고, 조금 후에 난 어깨에 제법 쌓인 눈을 툭툭 털어내고 판독실로 내려갔다. 별똥별이라 ···. 수 천 개를 맨눈으로 볼 수 있다는데. 필름이 눈에 들어올 리가 없었다. 시간을 대강 때우다 병원을 살짝 빠져 나왔고 서현역 백화점 꼭대기까지 몇 번을 오르락내리락 하고도 시간이 남아 인근 재즈카페에서 핫초코를 아주 천천히 두 잔 마셨다. 그리고 서현역. 남한산이라 해서 바로 옆 성남으로 가는 줄 알았더니 그게 아니었다. 남한산의 다른 한 쪽에서 올라야 한단다. 지하철 한 번 갈아타고 내려 다시 버스 타고, 다시 택시. 들어본 적도 없는, 처음 가는 동네였다.

"여기서부터 걸어야 돼요."

'이 사람이 제대로 알기는 하는 것일까? 왜 이리 인적이 드문 거지?'

뒤에서 웅성거리는 소리가 난다. 차림새가 진짜 산사람들이었다. 무슨 통신동호회에서 왔노라 했다. 그들 역시 긴가민가 하는 것 같았다.

"두 분이 오셨나 봐요. 저희랑 같이 헤매죠, 뭐."

이 어둠 속을 잘 알지도 못하는 남자와 오르지 않아도 된다는 사실만으로도 충분히 고맙고 반가웠다. 한참을 헤매고 올라 도달한 곳에 아담한 공터가 있었다. 미리 도착한 몇몇 사람들이 눈에 띈다. 마땅히 앉을데도 없고, 기대고 서 있을 곳도 없고. 다들 어색한 자세로 웅크리고 서있었다. 긴장하고 올라올 땐 몰랐는데 한 30분 지나니 땀이 식으면서 한기가 느껴지기 시작했다. 문제는 목을 길게 빼고 젖힌 채로 자정을 넘기고, 훨씬 넘기고 나서도 별똥별 기별이 없는 거였다. 기온은 급속하게 떨어지고 강한 바람이 사정없이 몰아쳐 추위가 살 속까지 파고들었다. 산의 생리에 무지해 차림새에 그다지 신경 쓰지 않은 내 무지 탓도 있었지만 첫눈 내린 다음이고, 더욱이 날이 밝으면 입시 추위로 유명한 수능시험 날이었다. 누군가, 영하 7도라 말하는 걸 들었다. 아마 체감 온도는 영하 10도 이하이리라. 옆에서 이 부딪는 소리가 들린다. 돌아보니, 이 사람, 심하게 떨고 있다. 맙소사. 그가 '환자'라는 사실을 까맣게 잊고 있었다. 가슴이 철렁 내려앉는다. 별똥이 문제가 아니었다.

'이러다 여기서 어레스트(arrest, 심장정지 혹은 호흡정지) 나는 건 아닌가?'

"저기…, 많이 추우세요? 그냥 돌아갈까요?"

"아 …니… 요오. 많이 춥네요. 그죠?"

근심 가득한 내 표정을 간파한 듯 그 때부터 계속 말을 하기 시작했다. 이빨 부딪히는 소리 때문에 제대로 들리지도 않았지만.

"새벽 4시가 절정이래요."

시계를 보았다. 10분 전 2시. 어이가 없다. 뭐 하러 일찍 왔었나.

"사자자리 유성우래요, 알죠?"

'무슨 일 생기면 어떡하나. 인근에 큰 병원이 있던가? 아냐, 우리 병원으로 가야지.'

"나도 사자자린데…."

이럴 땐 "저는 전갈자리인데요." 하는 것이 예의 있는 대답인 줄 알지만, 사자자리와의 궁합이 유난히 엉망이었던 기억에 못 들은 척 했다. 헤라클레스에게 목 졸려 죽은 황금사자의 전설이 거친 숨 사이로 문득 불길하게 떠오른다.

"무슨 소원 빌 거예요? 별똥 하나에 소원 하나. 이제 몇 천 개 떨어질 텐데."

'아 …. 응급실에 도착하면, 사람들이 뭐라고 할까. 환자 분이랑 어떻게 되세요? 왜 선생님이 데리고 오셨어요? 그러고 보니 이 남자의 이름조차 모르고 있었다. 그렇다고 지금에 와서 이름이 뭐냐고 물어본다는 건 더 우습지 않은가. 주민등록증은 가지고 있겠지. 만일 없다면? 이 무명남(無名男)이 영원한 무명남이 되는 건 아닐까? 아냐. 어제 판독 기록 중 흉부 X-레이를 뒤지면 되겠지. 잘 한다, 파견 보내 놨더니, 공부는 안 하고 환자하고 연애질이나 하고 다니나? 스탭 선생님들이 한심해 하시겠지. 실은 그런 게 아닌데요. 변명해 봐야 소용없으리라. 이러다 동료 1년차 파견도 취소되면 미안해서 어떡하나.'

그 순간에 나는 그렇게 간사한 생각만 하고 있었다. 겉옷을 벗어 덮어 주고 싶었지만, 그럴 수 없었다. 아니, 그렇게 하지 않았다. 나도 너무나 추웠기 때문에. 이럴 때, 그가 여자라면 망설이지 않고 꼭 껴안고 있을 텐데. 나눠 줄 수 있는 건 체온밖에 없는 지금, 그렇지만 이 사람은 내 환자도 아닌, 이름도 모르는 남자였다. 그저 같은 '인간'에 대한 기본적인 경외심, 존중감은 의지가 박약한 내가 행동으로 옮기기에 충분한 동기가 되지 못했다. 숨소리는 점점 더 거칠어지고 기침이 기침을 낳고 있었다. 가쁜 숨. 제발 말 좀 그만 했으면 하는데. 한마디, 한마디 안 힘든 척 계속 뭐라고 했다.

"이거…, 녹찬데, 한 잔 드실래요? 너무들 떨고 계시네요."

보온병 뚜껑에서 모락모락 연기가 나고 있다. 이렇게 고마울 수가. 아까 그 동아리 회원 중 한 명이었다. '낫 레이디 퍼스트, 벗 페이션트 퍼스트(Not lady first, but patient first)!' 물론 그는 거절했지만 강제이다시피 보온병 뚜껑을 들이밀었다. 그때였다.

"저쪽이다!"

하늘 위로 짧은 빗금을 그으며 사라지는 별똥별이 보였다. 드.디.어. 그제야 둘러보니 그 사이 엄청난 사람들이 와 있었다. 수능시험 특별 휴가를 받은 수험생 아닌 중고생들이 상당수인 듯했다. 그때부터 몇 분에 한 번씩, 운 좋게는 일 분에 몇 번씩 사람들 환호성에 따라 목을 한껏 빼고는 고개를 이리로 돌렸다 저리로 돌렸다 같이 환호하고 같이 기뻐했다. 물론 절정을 이룰 거라는 새벽 4시 경이 돼도 몇 천 개 유성우 '쇼'는 없었다. 그러나 평생 별똥별이 첨인 대부분의 사람들에게 단 몇 개의 별똥은 경이 그 자체였다. 문득, 이빨 부딪는 소리가 안 들린다 싶었다. 옆을 흘끗 보니, 기쁨에 넘쳐 하염없이 눈물 흘리고 있는 진실한 한 인간의 얼굴이 보였다. 초췌한 얼굴 속에 눈빛이 더욱 빛나고 있었다.

"꼭 보고 싶었거든요."

한 순간의 침묵 가운데 '죽기 전에'란 말을 가슴으로 들었다.

"지쳐 버린 지 오래고요. 요 며칠, 먹는 것 숨쉬는 것, 부쩍 힘들었지요. 사실, 혹 여기 왔다 무슨 일 나서 축제 분위기 망칠까 걱정이 돼서 많이 망설였지요. 선생님이니까 오자고 한 거예요. 어떻게 된다 해도⋯, 알아서 해 주실 테니까⋯. 감사해요. 이제 여한이 없지만⋯, 33년 후에도 보게 해 달라고 기도했어요. 그냥요. 33년 후에도 같이 와 주시면⋯. 하하, 그럴 일은 없겠지만⋯."

'그 때도 볼 수 있을 거예요.'

차마 이 말은 할 수 없었다. 코끝이 점점 길어질 일이었다.

"33년 후를 어떻게 보장하겠어요. 오늘만 해도 실은 김빠지는데. 다음 날 일기예보도 틀리는 경우가 많잖아요."

"아니에요, 이걸로 충분해요. 이제 떠나도⋯, 만약에, 만약에⋯, 전화장을 했으면 했어요."

등골이 오싹했다. 빨리 내려가야겠다는 생각밖에 없었다. 후우, 때마침 유성우가 내리고 때마침 녹차 한 잔이 그의 몸을 녹인 것은 참 다행스런 일이었다.

어느새 환호성이 사라진 가운데 고요한 하늘만이 덩그러니 남았고, 날이 밝았다. 사람들이 하나 둘씩 하산하기 시작했고 우리도 그들을 따랐다. 살을 에는 추위 속에, 별똥별 '쇼'가 아닌 사람들 '쇼'가 끝난 후, 내게 돌아온 것은 실은 극도의 허무감이었지만 그저 옆 사람이 무사하다는 사실에 감사하며 말없이 내려왔다. 별 생각 없이 자연스레 들어갔던 해장국 집에서도, 몰려오는 피곤함에 상대방의 불편함도 헤아리지

못한 채 침묵으로 일관했다.

"출근하셔야지요. 저 땜에 부담스러우셨지요?"

"조심해서 가세요."

"병원에 가면 또 뵐 수 있을까요. 안 갈지도, 못 갈지도 모르지만."

택시 아저씨가 '탈 거유, 말 거유?' 했다. 얼떨결에 택시를 먼저 탔고, 다시 어제와 다름없는 일상으로 돌아왔다. 사실 그 후 며칠은, 가끔 아니 매일 4층 정원에 올라가곤 했다. 더 부드러운 밀크커피를 만들어서. 그러다 며칠 후, 다시 우아하지 않은 주치의 생활이 시작되고, 또 문제의 당직실이 길 건너로 옮겨지고 나서 - 보이지 않으면 마음에서 멀어진다고 했던가 - 4층과 인연 닿을 일이 없어지면서 그 맑은 눈빛의 무명남도 내 기억 저편으로 묻히고 있었다.

그렇지만 가끔 첫눈 올 무렵, 자판기 커피를 뽑아 들 때, 우연히 라디오에서 나오는 스비리도프 한 가락에 문득문득 그가, 그 날이 떠오르는 것이었다. 2000년 겨울, 의국 자체가 길 건너 다른 건물로 큰 이사를 하고서 야광별 스티커를 의국 한 벽면에 덕지덕지 붙이는 치프를 주책이라 하지 않고 말없이 도와준 고마운 아랫년차들은 그 별이 그 별인데도 한참을 고민하고 스티커를 떼어내는 내 속뜻을 몰랐을 것이다. 사자자리를 만들고 싶었지만 스티커가 모자랐고, 사자자리와 궁합이 잘 맞는 쌍둥이자리를 만들어 붙였다. 그 곳에서 외롭지 않기를 바라면서.

오버헤드 프로젝터를 사용하는 컨퍼런스 때마다 정겨운 야광 별빛들이 첨엔 그저 흐뭇함을 안겨다 주었지만, 새록새록 선명해지는 기억 속에 가슴 한 구석은 알 수 없는 죄책감으로 매번 쓰려오곤 했다. 왜 그때 그렇게 무뚝뚝했던가. 좀 더 따뜻하게 대해 줄 것을. 머지않아 떠날 사람이었고, 떠날 사람의 마지막 일부를 그저 도우미로서 그가 원하는 방향으로 나누는 일에 웬 잡생각이 그리 끼여들었던가. 아니, 그 사람은 아직 이 세상에 있는지도 모른다. 원무과에서 조회해 보면, 시간은 좀 걸리겠지만 찾아낼 수도 있겠지. 그렇지만 그러고 싶지 않았다. 오히려 고통 속에 살아 있다는 사실이 더 슬픈 소식일 터였다. 때가 가까웠을 때 간절히 원하던 일을 하게 됐다는 것은 얼마나 아름답고 기쁜 일인가. 최고급 벤틸레이터(인공호흡기), 숙련된 주치의가 시행한 인투베이션(기도삽관)으로 새로이 열린 숨구멍으로 유언 한마디 못하고 며칠, 몇 주 더 연명하는 것보다 틀림없이 더 가치 있는 마지막일 것이다.

그는 지금 어디쯤 있을까. 살아 있다면…. 그때의 33년 약속이 무안하게 된 낼모레 2001년 유성우 축제를 어드메에서 기다리고 있을까…. 아님 TV도 인터넷도 불가능한 상태에서 마음속으로만 33년 후의 별똥별 축제를 상상하고 있나? 아님 이미 하늘에 올라 수많은 별자리 중 하나에 머무르고 있나…. 그렇담 다시 사자자리로 돌아갔을까…. 아님 떠나온 곳이 그리워 낼모레 행복한 별똥이 되어 지구별을 향할 것인가?

모르겠다. 모를 일이다.

어떤 일은 아름다운 것임에도 불구하고, 아름다운 것이기에 그저 약간의 거리를 두고 바라보고 싶다. 지나가는 바람에 날리지 않을 정도의 깊은 곳에, 아주 잊어버리지 않을 정도의 깊지 않은 곳에 1998년 유성우의 기억이 있다. 그리고 며칠 후에 다시 별똥별 쇼가 있다고 한다. 몇 년 전 분명 33년 후라 했는데. 그래, 며칠 후에 금방 탄로 나지 않을, 사람들 가슴에 잠시 동안이나마 희망을 안겨줄, 3년만에 탄로 날 '화이트 라이(white lie)'는 충분히 애교로 넘겨줄 만하지. 그렇지만 올해는 쇼 구경하러 가지는 않을 게다. 그저 담담하게 다음날 뉴스를 시청할 것이다. '희대의 사기극이었다'는 실망 어린 평가를 인터넷에서 또다시 보게 돼도 결코 허무해하지 않을 것이다. 이젠 가까운 별 태양과 달만으로도 충분히 감사하며 살리라. 그러다 이번 겨울여행에 어느 자락에서 우연히 떨어지는 별똥 하나를 본다면 두 손 모아 더욱 감사하리라.

글쓴이 최영아는 33세의 가정의학과 전문의로, 현재 분당제생병원에 재직중이다. 그는 수상소감에서, "어느 한가한 일요일 아침 눈을 떠보니 벌 한 마리가 방안으로 들어와 있었다. 당황했는지 한참을 요란하게 날아다니고 유리창에 부딪히고… 하다 깨어진 창틈으로 드.디.어. 창공으로 탈출하는 것을 물끄러미 바라보면서, 참 홀가분하겠다 싶었다. 가을을 넘기면서, 어느새 나도 벌을 따라 창 밖으로 빠져 나와 있었다. 참, 홀가분 … 하다."고 썼다.

의사 아닌 하루, 이틀

병실 문을 들어서기가 왜 이렇게 힘이 드는 것인지…. 30분 동안이나 나는 L종합병원 1502호 1인실 문 밖에서 서성이고 있었다. 같이 방문하기로 한 봉사자가 갑작스런 자동차 접촉사고로 늦겠다며 나 혼자 먼저 방문하라는 말을 했음에도 불구하고, 나는 병실 밖에서 반질거리는 복도 바닥을 내려다보며 왔다 갔다 하고 있는 것이다.

상식적으로 본다면 지금 상황은 도저히 이해가 안 될 것이다. 암 환자치료 경험도 상당한 내가 병실 문 하나 제대로 열지 못하는 상황이라면 내가 그 병실 환자나 가족에게 크나큰 잘못이나 실수를 했을 거라고 생각할 수밖에 없겠지만, 결단코 나는 잘못한 것이 없기 때문이다. 또한 그 병실 안의 환자나 가족은 나를 기다리고 있으며 오늘이 처음도 아닌

두 번째 만남이기 때문이다. 그런데도 나는 문을 열고 들어서지 못하니….

병실 환자와의 첫 번째 만남은 1주일 전인 8월 15일 광복절이었다. 그 날 오후, 나는 호스피스 회장님으로부터 뜻밖의 제의를 받았었다.

"선생님, 환자 방문 부탁드립니다. 57세, 방광암 말기이고 항암제를 맞기 위해 L병원에 입원해 계시는데 부탁드리겠습니다. 아 참! 그런데 이번에는 선생님께서 의사라는 신분을 밝히지 말고 방문했으면 합니다."

"아, 네. 그런데 의사 신분을 밝히지 않아야 되는 특별한 이유라도? 의사에 대한 강한 거부감이 있습니까?"

나는 특이한 제안에 약간의 흥미가 돋아서 물었다.

"아닙니다, 선생님. 의사에 대한 거부감 같은 것은 없습니다. 다만 이번 기회가 색다른 경험이 될 것이며, 선생님께서 다른 봉사자를 이해하는 계기도 될 것 같아서입니다."

"네, 잘 알겠습니다. 그렇게 하겠습니다."

나는 짤막하게 대답하고 전화를 끊었다. 저녁 식사까지는 시간이 남아 있고 집에서 멀지도 않아, 나는 차분히 걸어서 가기로 했다.

그 분은 6인 병실 창가 쪽 자리에 침대를 45도 정도 세운 상태로 누워 있었다. 수척하면서 피로와 고통이 있는 얼굴이었으나 말기 암 환자치고는 건강하게 보이는 편이었다. 내가 먼저 웃으면서 인사하자, 그분은 약간은 어색한 웃음으로 나를 반겨 주었다.

병이 깊다고 들었는데 막상 뵈니 심하지 않아서 다행이라고 얘기하고 다음 얘기를 꺼내려는데 목이 꽉 막히며 한마디도 나오지 않는다. 의사라는 것을 숨겨야 했기에 습관적으로 나오는 말을 막아야 했기 때문이었다. 나는 한참 동안 임파관이 막혀 부종이 생긴 다리를 쳐다보다가 말문을 열었다.

"요즈음은 무슨 생각들을 하십니까?"

어렵게 꺼낸 말이 고작 이것이었다. 환자와 부인이 난감해하며 '다 죽어가는 사람에게 이런 것을 묻다니' 하는 듯한 얼굴이었다. 그 표정에 나도 당황스러웠지만, 다행스럽게도 환자가 '혈소판이 낮아 항암제를 맞지 못했는데 빨리 혈소판이 높아져서 항암 치료를 받아야 한다는 생각 뿐'이라고 천천히 얘기했다. 순간은 넘어갔지만 나는 당황스러워 더 이상 말할 엄두도 내지 못했다. 오히려 쓸데없는 것을 물어서 귀찮다는 느낌까지 받게 한 것 같아 림프 마사지만 해주고 있었다.

'이게 무슨 꼴이야! 봉사한답시고 여러 번 다녀 보았지만 이런 식은 아니었는데…. 아무 것도 할 게 없다니.'

그 때 마침 저녁식사가 나왔다. 내가 침대 위에 얼른 식탁 차릴 준비를 했더니 그러다 정맥 주사 줄이 잘못될까봐 부인이 얼른 달려와 "제가 할게요"라며 말렸고, 다시 내 할 일은 없어졌다.

그 분이 식사하시는데 민망하지만 나는 옆에 서 있을 수밖에 없었다. 달리 할 일이 없었기 때문이었다. 3분의 1공기 정도 식사를 마치자 부인은 솜씨 좋게 음식을 치웠다. 식사가 끝나자 나는 미안한 마음으로 또 다시 림프 마사지를 했다. 순간 "정말 시원합니다. 이런 적은 처음입니다." 하는 환자 목소리가 들렸다. 그러자 우울했던 기분이 갑자기 좋아져서 나는 반대쪽 다리도 마사지 한 후, 다음에 또 오겠다는 약속을 하고는 병실을 나왔다. 부인이 따라 나오며 얘기하기 힘든 이야기를 꼭 해야 되는 사람처럼 차분하게 얘기했다.

"고맙습니다. 그런데 사실은 우리 집 양반이 내성적이고 사람을 잘 사귀지 못하는데다가 봉사자와 나이 차가 많아서 힘든 것 같으니 이해하셨으면 합니다. 그리고 오랫동안 함께 있어서 힘들어하시니, 앞으로는 만나는 시간을 좀 짧게 했으면 합니다."

'아, 이것은 또 무슨 말인가! 나와 17살 차이가 나기는 하지만, 환자를 대할 때 나는 나이 생각은 한번도 안 했었는데…. 그리고 환자와 있을 때도 환자가 더 나를 붙잡았는데…. 계속 붙잡아서 회진 시간이 길어져서 혼난 적이 많았었는데…. 의사 아닌 일반 봉사자는 이런 것까지 신경 써야 되는구나. 봉사라는 것이 이렇게 힘들구나.'

부인의 얘기를 듣는 순간, 얼굴이 확 달아오름을 느꼈다. 놀라 시간을 보니 병원에 온 지 벌써 1시간 20분이나 됐다. 어찌나 무안했던지….

"잘 몰라서 그랬는데 앞으로는 유의하겠습니다."

부인에게 사과하고 돌아섰다.

집으로 돌아오는 길에 참으로 여러 가지 생각이 나를 힘들게 했다.

'그동안 호스피스 봉사자들은 얼마나 힘들었을까? 자기 차비 들여가며 환자 방문하느라 시간 뺏기고, 좋은 소리도 못 듣고.'

봉사자들이 실로 위대하게 느껴졌다. 또 한 가지는 그 동안 의사로서 부끄러웠던 점이었다. 환자 입장이나 상황에서 이해하고 배려하기보다는 빨리 내 일을 끝내려고 서둘렀던 것이 부끄러웠다. 환자가 식사하고 있을 때 기다려준 적도 없으며 어떤 식사를 어떻게 하는지 관심 기울인 적도 없었다. 환자와 대화 중에도 질병 경과나 검사 결과에 대해서만 관심을 갖고 다른 부분을 생각 못했기에, 질병을 빼고 얘기하려니 할 말이 없는 것은 당연한 일이겠다 싶었다. 그래도 내 자신을 돌아보며 여러 생각을 정리하게 해줘 오히려 마음 깊숙이 뿌듯한 느낌이었다. 또한 이런 식의 환자 방문을 경험하게 해준 분에게도 감사하는 마음이 들었다.

그 만남 후로 며칠만에 호스피스 회장에게서 연락이 왔다. 그 환자가 미안했는지 한 번 보고 싶어한다는 거였다. 또한 환자 상태가 하루가 다르게 나빠진다는 것이었다. 그렇지만 1주 전 상태가 그리 나빠 보이지 않았고, 막상 방문하려 하니 또한 쑥스럽기도 해 바쁜 행사를 핑계로 미루다가 오늘 방문하게 된 것이다.

환자는 그 후 간성 혼수에 자주 빠져 주위 환자에게 미안하다며 자신이 원해서 독방으로 옮겼고, 나는 쑥스러워 그 방문 앞에서 못 들어가고 서성거리고 있었던 것이다.

허겁지겁 달려온 다른 봉사자와 함께 병실에 들어선 순간 나는 또 한 번 죄 지은 마음이었다.

두꺼운 유리창 너머로 훤하게 보이는 병실에 누워 있는 환자는 전신에 황달이 와서 노랗게 물들어 있었으며 진통제 때문인지 몰라도 입을 크게 벌리며 잠자고 있었다. 보호자 침대에서 눈물을 조금씩 훔치는 부인이 저렇게 자다가도 가끔 한번씩 제 정신이 돌아오기도 한다면서, 평소에 말이 별로 없는 사람인데도 "어째 그 때 젊은 봉사자가 온다고 해 놓고 안 오네."하면서 기다리는 눈치더라고 전하는데 눈물이 왈칵 쏟아지려 하였다. 눈물을 숨기려 눈을 들어 차창 밖을 쳐다보았더니 그 날은 평소의 서울이 아니었다. 비온 뒤라 그런지 맑고 향기가 나는 것 같았다. 환자가 의식이 있었을 때는 그 길을 걸어보고 싶었을 거라는 생각이 들자 미안해서 밖도 더 이상 내다볼 수가 없었다. 얼마 있으면 죽을지도 모르는 사람이 찾아온 사람에게 잘 대해 주지 못했던 것에 대해 미안하게 생각했구나 라는 생각이 들자, 오히려 내가 짐이 됐던 것 같

아 고개를 들 수 없었다. 한참을 그렇게 있다가 봉사자와 함께 돌아가신 후의 장례에 대해 의견을 나눈 후 나는 그 환자와 마지막 인사를 나눴다. 그리고 그것이 그와의 마지막 만남이었다.

미안해하지 마십시오.
제가 더 어려워집니다.
당신의 몸 챙기기도 버거운데,
당신 가족 걱정하기도 힘이 들 텐데….

이제는 모든 것을 잊고
먼 곳으로 이사한다고만 생각하십시오.
당신의 평화로운 안식을 위해서
당신을 아는 많은 사람들이 기도할 것입니다.

글쓴이 정경헌은 40세의 내과 전문의로, 현재 서울 강서구 화곡동 정내과의원 원장이다. 그는 의사가 아닌 평범한 봉사자의 입장에서 겪은 자신의 경험을 통해 의사로서의 자긍심이 아니라 그 동안의 오만함에 대한 부끄러움을 느꼈다는 수상소감을 밝혔다.

두 남자가 가슴을 부둥켜안고

"교수님, 감사합니다. 이렇게 땀을 뻘뻘 흘려가면서 제 아내
를 살려 주시다니…."

비교적 큰 덩치를 가진 50대 사나이가 수술복을 입은 나를 꽉 껴안아
버리고 말았다. 얼떨결에 중년 남자의 두 팔에 안기게 된 나는 순간적
인 당혹감으로 어쩔 줄 몰랐다. 이어서 하늘을 날을 듯한 기쁨을 느끼
면서 나도 상대방을 덥석 껴안았다. 가슴과 가슴을 통해 전달되는 따뜻
한 교감에 두 사나이의 팔은 떨어질 줄 몰랐다. 사나이는 덩치에 어울
리지 않게 흰 얼굴을 하고 있었는데, 어느새 두 눈에서 닭똥 같은 눈물
을 흘렸다.

"고마워요, 교수님. 정말 고마워요, 흑흑 …."

느닷없는 중년 남자의 흐느낌이 고스란히 내 가슴으로 전달돼 와서 내 눈시울도 촉촉해지고 말았다. 혈관조영 및 방사선 중재 시술실 문 앞에서 부둥켜안은 두 사나이를 둘러싸고 있던 간호사, 방사선사, 전공의들도 별안간에 벌어진 이 장면에 감동을 받았는지 모두 뜨거운 박수를 보내고 있었다.

방사선학적 중재 수술을 시행하거나 영상 진단법으로 질병을 진단한 환자 혹은 그 보호자 중에서 나를 꽉 껴안으며 감사의 뜻을 전한 사람은, 20여 년이라는 의사 생활 중에서 이 50대 남자가 처음이었다. 내 손을 굳게 잡은 채 수술실 밖으로 나온 그 분은 "김 교수님께서 어려운 수술을 성공적으로 끝내주셨단다."라고 애타게 기다리던 20대 딸에게 나를 소개해줬다. 수술이 성공적으로 마무리됐다는 말을 들은 아가씨의 얼굴은 순식간에 눈물범벅이 되고 말았다.

이렇게 내가 방사선학적 중재술을 통해 시술한 여자 환자는 20여 년 전 자궁경부암으로 수술한 적이 있었다. 그 이후로 자궁암이 재발돼 서울 유수한 병원에서 방사선 치료, 항암 치료 등을 받아왔다. 재발된 암이 양측 요관을 눌러서 소변이 제대로 나오지 않았기 때문에, 할 수 없이 양쪽 콩팥에 가느다란 도관(導管, catheter)을 꽂아 양측 옆구리의 비닐 주머니로 소변이 나오게 하는 수술을 받게 됐다. 본인의 의사와는 전혀 관계없이 때와 장소를 가리지 않고 소변이 비닐 주머니에 차기 때문에 옷이 젖기도 하고 냄새도 나곤 했다. 반창고로 소변 주머니를 붙인 옆구리 피부가 수시로 헐기도 해 이 환자는 사람이 모인 곳에 나가는 일을 꺼리는 단계까지 이르렀다. 설상가상으로 한쪽 콩팥의 기능마저 소실돼 다른 한 쪽 신장으로 겨우 생명을 유지하게 됐다. 평생을 옆구리에 오줌주머니를 차고 살아가야 한다는 것이 이 환자에게는 너무나 큰 스트레스였다. 막힌 요관에 인공 튜브를 삽입하는 시술을 통해서라도 신장에서 만들어진 소변이 방광을 거쳐 요도로 나올 수 있다면 더 바랄 것이 없겠다는 것이 환자의 유일한 소망이었다.

온 가족이 환자의 마지막 소원을 들어주기 위해 유명하다는 병원을 찾아다니기 시작했다. 유명한 비뇨기과에서 방광경(膀胱鏡)을 통해 거꾸로 '스텐트(stent)'라는 도관을 요관에 삽입하려고 몇 차례나 시도했지만, 요관이 방광에 들어오는 입구가 너무 좁아져 엄두조차 낼 수 없었단다. 복잡한 경로를 통해 최종적으로 내게 방사선 중재 시술 의뢰가 들어 왔다. 그간의 병력(病歷)과 현재 상태를 샅샅이 분석한 나는 환자 보호자에게 이 수술이 성공할 가능성이 굉장히 희박하다고 솔직하게 말할 수밖에 없었다.

"최선을 다해도 실패한다면 인간의 능력으로 어쩔 수 없는 것으로 알겠으니, 제발 마지막 시도만이라도 꼭 좀 해주십시오."라고 매달리는 보호자의 손길을 나로서는 도저히 뿌리칠 수 없었다.

환자와 보호자의 안타까운 사정과 간곡한 부탁을 들은 나는 결국 시술을 결심하게 됐다. 착잡한 마음을 잘 추스른 후에 비장한 각오로 수술에 임했다. 이미 형성된 신루(腎瘻, 옆구리 피부와 신장 사이에 도관을 삽입해 인위적으로 형성된 길)를 통해 아주 가는 수술용 철사줄(wire)을 넣고 그것 위로 의료용 세관(細管)을 삽입했다. 그러나 예상했던 대로 수술용 철사줄이 요관 하단 부위를 전혀 통과할 수가 없었다. 수술과 방사선 치료 등으로 인해 요관 하단부 주위에 섬유 조직이 증식해 요관 원위부(遠位部)를 꽉 조이고 있었기 때문이었다. 여남은 번의 시도에도 시간만 흐를 뿐 별 진전이 없었다. 나도 모르게 등골이 오싹해지며 전신에 식은땀이 흐르기 시작했다. 지푸라기라도 잡는 심정으로, 세관 끝의 구멍을 통해 수술용 철사줄을 요리 조리 옮겨가면서 계속 좁아진 요관을 통과하도록 애썼다. 환자는 아픔을 견디다 못해 "이제, 그만해요. 더 이상 못 참겠어요."라고 체념 섞인 말을 하였다. 이런 경우가 의사로서 처신하기 참으로 난감한 순간이 아닐까?

"이대로 평생을 사시기 힘들지 않으세요? 제가 최선을 다해 몇 번만 더 시도해 볼 테니 조금만 더 참아 주시겠습니까?"라고 환자를 잘 설득해 승낙을 받아낸 후, 주치의를 불러 진통제를 정맥으로 좀더 주사하도록 부탁했다. 내 이마에도 땀방울이 맺히고 온 몸이 굳어지는 것 같았다. 참으로 견디기 어려운 긴장의 시간이 계속되고 있었다. 무리하다

잘못되면 엄청난 합병증과 함께 환자의 생명도 위태로워질 수 있으니 말이다. 어지간하면 19번째의 시도에서 물러서는 것이 상책인지도 몰랐지만, 난 젖 먹던 힘을 다해 스무 번째의 시도를 하게 됐다. 아, 그런데 그렇게도 빈틈없어 보이던 요관 원위부를 통해 수술용 철사줄이 방광으로 서서히 내려가지 않는가? '오 마이 갓!' 하고 마음속으로 쾌재를 불렀지만, 아직도 넘어야 할 산이 많은 첩첩산중이었다. 좁아진 요관 부위를 수술용 철사줄이 간신히 통과했지만 그것 위로 도관이나 스텐트가 들어가야 하는 과정이 남아 있었기 때문이었다.

천신만고 끝에 영어의 'J' 자처럼 생긴 스텐트가 신장, 요관, 방광에 걸쳐 잘 위치하도록 조절한 후에 적절하게 삽입할 수 있었다. 얼마나 고맙고 기쁘고 신이 났던지…. 그런 후 나머지 봉합 과정을 마냥 즐거운 마음으로 마무리 지을 수 있었다. 그리고 수술실 밖 의자에 앉아 대기하고 있던 환자 보호자를 불렀다. 안도의 숨을 크게 내쉬면서 말이다.

"교수님, 처음부터 왠지 모르게 미덥더니 결국 성공하셨군요. 중도에 포기하지 않고 스무 번의 시도 끝에 이렇게 성공하시다니 너무 고맙습니다."라며, 딸과 함께 연신 감사의 말을 하는 환자 남편이 대견하기만 했다. 내가 무슨 큰일을 해냈다는 자부심보다도 병든 자기 아내를 귀하게 여겨 나처럼 별 볼일 없는 의사에게 매달리는 50대 중년 남자의 모습이 오히려 나에게 크나큰 감동으로 다가왔다.

아내가 20여 년 동안 투병 생활을 하느라 심신이 엉망진창이 되어서
도 이렇게나마 고달픈 삶을 이어갈 수 있었던 것은 그 남편의 변함없는
사랑 때문이었다는 사실을, 퇴원 후에 다시 내 연구실로 찾아온 그 남
편으로부터 알게 됐다. 아내가 소변주머니를 차고서 고통스럽게 살아
가는 모습이 너무 안쓰러워 종종 자기 차에 태워 충남 논산에서 서울까
지 드라이브하며 기분 전환을 시켜주곤 했다는 남편이 너무 훌륭하게
보였다. 하루 이틀이 아닌 장기간의 간병 기간 중에 가족조차 환자를
외면하게 되는 경우를 너무나 많이 봐 온 나이기에 말이다.

많은 사람들이 성공(success)을 추구하는 삶을 살다가 뜻하지 않는
심신의 아픔을 안고 병원에 있는 의사를 찾아오는 것 같다. 환자를 대
하는 의료진 중에서도 세계적인 의사나 의학자로 이름이 거론되는 성
공을 찾는 사람들이 적지 않을 것이다. 그러나 환자든 의사든 또 누구
든 간에 생명이 위태로운 순간을 접하게 되면 인생의 성공보다는 생명
의 존엄성과 삶의 의미(significance)를 더 생각하게 되지 않을까 싶다.
어느 누가 꺼져 가는 한 생명의 불씨를 되살리려는 작업에 값진 의미를
부여하지 않을 수가 있겠는가?

그러나 이런 '의미'도 단순히 머리 속에서만 찾으려 해서는 정말 그
장엄하고 숭고한 '의미' 자체를 잃어버릴지도 모른다는 생각이 든다.

차디찬 지성이나 뼈를 깎는 의지의 '의미'로서만이 아니라, 서로의 가슴을 부둥켜안는 감성적인 '의미'가 동반돼야 우리 삶에 정말 참된 '의미'가 주어지지 않을까 싶다. 삭막한 의료 현장에서도 환자와 의사, 보호자와 의료진, 환자와 환자, 의료진과 의료진이 서로 가슴을 껴안는 일이 좀 더 많이 생겼으면 한다. 연령, 지위, 직업이나 견해의 차이를 넘어 동성(同性)끼리라도 가슴을 부둥켜안을 줄 아는 사회야말로 정말 살맛 나는 사회가 아닐까 싶다. 설령 동성연애자라는 오해를 받더라도 말이다.

글쓴이 김종철은 52세의 진단방사선과 전문의로, 현재 충남대병원 진단방사선과 교수이다. 최근 목 디스크로 치료를 받고 있는 그는 '조금만 깊이 생각해 보면 의사도 환자도 통증을 느끼는 똑같은 인간이다. 의사와 환자 사이의 벽이 높을 수도 없고 높아서도 안 된다'고 말한다.

겨울 동백꽃

2001년 나는 '가막만'이라는 여수의 조용하고 아름다운 바닷가 마을에서 공중보건의사로 첫 근무를 시작했다. 하지만 바닷가 마을의 조용한 아름다움과는 반대로 내 마음속에는 세상에 대한 정체 모를 노여움이 들끓고 있었다.

2000년 의약분업과 의사들의 투쟁…. 당시 전공의였던 나는 다른 의사들과 마찬가지로 파업투쟁의 한가운데서 요동치듯 부딪치고 표류하기를 거듭했고, 한때의 집단적 열망과 투쟁이 가라앉은 후 닥친 분열과 퇴보는 내게 커다란 상처와 절망을 남겨 놓았다. 내 망가진 마음은 7년여를 사귀어온 여자친구마저 밀어내고 있었다. 무척이나 길었던 2000년 겨울을 끝으로, 그녀와 거의 매일 주고받던 통화와 이메일은 뚝 끊겼다.

아스팔트가 지글지글 끓는 무더운 여름날이었다.

탕탕! "의사 나와!" 보건지소의 문을 누군가 거칠게 열어 젖히는 소리
가 들렸다.

술이 거나하게 취한 40대 중반의 두 남자였다. 일행 중 한 남자가 피
묻은 수건으로 다른 남자의 왼 발등을 감싼 채, "의사 어딨어? 의사 나
와!" 라며 연신 소리를 질러 대고 있는 것이었다.

전공의 시절 병원 응급실에서 수없이 치러야 했던 취객들의 소란과
우격다짐이 떠올라 얼굴이 화끈거리고 울화가 목구멍까지 차 올랐지만
겨우 마음을 가라앉히고 그들을 진료실로 안내했다.

3㎝ 정도의 단순 피부 열상이었다. 간단한 봉합 치료 후 고맙다는 인
사 한마디 없이 그들은 떠났지만, 나는 오후 내내 뒷목이 뻣뻣하고 속
이 부글거리는 느낌이었다.

이 사건이 있은 지 1주일이 채 지나지 않아, 이번에는 엄 노인이라는
사람으로부터 한 통의 전화가 걸려 왔다. 카랑카랑한 목소리의 그는 다
짜고짜 "보건소 소장인가? 우리 안사람이 다리를 수술해서 움직이들 못
하는디, 당뇨가 있어서 약을 먹는디 말여, 내가 대신 갈 것인디, 약 쪼
까 줄랑가?"라고 말하는 것이었다.

환자도 보지 못했는데 약을 달라니…. 이런 식의 환자 가족을 처음 접하는 것도 아니었지만, 나는 일전의 일까지 떠올라 솟구치는 짜증을 참을 수가 없었다.

"아니, 할아버지! 어떻게 진찰도 안 받고 약을 받아갈 생각을 해요! 못 주니깐 당장 모시고 나오세욧!"

전화기 저편의 대답도 듣지 않은 채 나는 수화기를 내려놓았다. 그런데 한 시간쯤 지나서였다.

"아~ 보건소 소장 있능가? 있으믄 언능 나와보소 잉~."

예의 그 카랑카랑한 목소리…. 전화를 했던 엄 노인이었다. 지소 앞에는 희끗희끗한 머리와 새까맣게 그을린 얼굴, 주름살이 깊게 패여 강단 있어 보이는 그가 있었고, 길가의 택시 안에는 몸도 제대로 가누지 못하는 할머니가 고단한 표정으로 누워 있었다.

순간 노인네 혼자서는 너무나 수고로웠을 환자 이송 과정이 떠올라 너무했다 싶은 미안함에 나는 당황스러움을 감출 수가 없었다. 하지만 오히려 엄 노인은 아무렇지도 않은 듯, 은근한 미소까지 띠며 "어이~ 소장. 인제 시킨 대로 할멈 데꼬 왔응께, 얼렁 진찰도 하고 약도 좀 주소. 잉!"하는 것이 아닌가.

이 일이 있은 후로 나는 고관절 치환수술의 후유증으로 이동이 자유롭지 못한 할머니를 '거동 불편 환자'로 등록하고 매달 순회 진료를 할 때마다 엄 노인네를 찾게 되었다.

첫 번째로 엄 노인네를 방문한 날이었다. 마침 엄 노인은 집을 비웠고, 침대에 누워 있던 할머니는 곤혹스러운 표정을 지으며 가까스로 몸을 일으켜 앉았다.

엄 노인의 안방…. 벽에는 빈 공간이 없을 정도로 수십여 개의 사진 액자가 빽빽이 걸려 있었다. 아니, 사진이라기보다 지난 세월 엄 노인 부부의 희로애락과 3남 1녀의 성장을 둘러싼 가족사가 고스란히 펼쳐져 있었다. 자식의 졸업과 결혼식, 손자의 돌, 할머니의 회갑연, 고운 한복을 차려입고 함박웃음을 짓고 있는 노부부의 모습…. 곱고 온화하던 할머니의 자태와 제법 큰 배를 부렸다는 엄 노인의 위풍을 온데간데없이 깎아내 버린 세월의 그늘에 절로 마음이 시려왔다.

그런데 그때 나의 눈에 들어온 것은 방 한쪽 귀퉁이에 가지런히 정리된 약 봉투와 양철 도시락 그릇들이었다. 도시락 그릇에는 따로 끓여 보관해 두었다는 소독 기구가 차곡차곡 정리돼 있었고, 끼니마다 거르지 않도록 약 봉투마다 '아침', '점심', '저녁'으로 크게 표시가 되어 나눠져 있었다. 홀아비보다 못한 간병하는 노인네 처지라고는 믿을 수 없을 만큼 정갈한 집안과 아직 봉합이 덜 된 할머니 수술자리의 뽀송뽀송한 관리상태를 보며, 나는 얼굴에 패인 주름살만큼이나 깊은 엄 노인의 속내를 보는 듯했다.

그 여름이 끝날 때까지 할머니는 폐렴, 세균성 장염과 패혈증, 수술한 고관절의 탈골 등으로 갖은 병고를 치러야 했고, 그때마다 나의 왕진과 병원 이송 권유, 근처 병원에의 입·퇴원이 반복됐다. 하지만 그 모든 위태로운 순간에도 엄 노인은 힘들어하거나 당황하는 법이 없었다. 익숙한 일인 듯 구급차가 올 때까지 이불이며 옷가지 등을 야무지고 재빠르게 챙겨 들고, "할멈, 이번에도 고생이 많겠네."라는 짧지만 단단한 격려를 건네는 그의 모습에 나는 혀를 내두를 지경이었다.

가을이 한창 무르익을 때가 되자 할머니는 혼자서 휠체어를 타고 마을 앞 정자로 놀러 나갈 수 있을 만큼 병세가 호전됐고, 한결 여유를 찾은 엄 노인은 간만에 매어 둔 고깃배를 수리해 나를 배낚시에 초대해 주었다.

배는 해안을 따라 빼곡하게 늘어 선 양식장 부표 사이로 난 좁은 바닷길을 능숙하게 빠져나가 30여분쯤 후에는, 옹기종기 섬에 둘러싸인 바다 한가운데에 도착했다. 깊이를 알 수 없는 파란 쪽빛 바다 속으로 엄 노인은 묵직한 닻을 내렸고, 나는 그가 시키는 대로 바다에 떠 있는 주황색 부표를 잡아 당겨 배를 묶었다.

뱃머리에 놓인 엄 노인의 낚싯대는 연신 까딱거렸고 그때마다 올라오는 고기는 저마다 다른 모양과 빛깔과 크기를 가진 것들이었다. '감성돔', '늠성어', '놀래미', '우럭', '장어', '도다리'라고 불리는, 파닥거리며 올라오는 팔뚝만한 놈을 낚아내는 엄 노인의 솜씨는 신기에 가까워 보였다. 이 망망한 바다 속에 이런 것이 숨어 있다 솟아 나오다니, 흡사 엄 노인이 마술을 부리는 것만 같아 지켜보는 것만으로도 너무나 즐거워졌다.

엄 노인은 "어부들은 고기가 놀만한 바다 밑의 조류를 찾아다니는 거여. 글고 온도나 바람도 적당해야 쓰고. 그러고도 공치는 날이 부지기수여. 바다 속 깊은 사정은 다 알 수가 없응게. 오늘은 운이 겁나 좋구먼. 하하하."라면서, 호탕한 웃음과 함께 그 동안의 시름과 고단함을 단숨에 날려 버리듯, 멀리 바다와 맞닿은 가을 하늘 끝을 향해 어깨를 쫙 펼쳐 보였다.

돌아오는 길에 엄 노인은 나에게 배를 조종하는 선미의 조종키를 잡고 직접 운전해 보라고 했다. 그러나 쉬운 일이 아니었다. 방향을 못 잡고 우왕좌왕하던 배는 뒤쪽으로 꾸불꾸불한 물보라를 만들고 있었다. 급기야 배가 가까운 암초를 향하자 엄 노인은 "키는 몸에 착 붙이고 흔들리지 말아야지."라며 내게서 키를 건네받았다. 먼 바다를 응시하며 흔들리지 않게 키를 붙들고 서 있는 엄 노인의 표정에는 어느새 뱃사람의 강인함과 당당함이 묻어나고 있었다. 그리고 배는 자로 잰 듯 곧은 물보라를 남기며 전진하고 있었다.

그날 이후 마음속에 일렁이던 절망과 분노는 믿을 수 없을 만큼 빠른

속도로 사그라지기 시작했다. 진심으로 남해의 아름다운 가을에 빨려들 수 있었고, 그 속에서 나는 여유를 찾을 수 있었다. 그 가을 바다에서 내가 되찾은 것은 세상에 대한 따뜻한 시선과, 오욕과 환희, 긴장과 여유가 끊임없이 교차하며 변주되는 삶에 대한 열정과 낙관이었다.

지금 내가 숨쉬고 있는 남해의 가을이 얼마나 아름답고 풍요로운지…. 집집마다 울타리를 넘은 유자나무에 노란 유자가 탱탱하게 매달려 상큼한 향을 뿌려댄다. 윤기 흐르는 갈색 대추는 은근한 단내를 내며 주렁주렁 탐스럽다. 마을 앞 무인도에는 떼를 지은 철새가 하얀 날갯짓을 하고, 토실한 멸치를 건져 올릴 어선들은 미끄러지듯 섬을 돌아나간다.

그리고 오늘도 나는 지은 지 이십여 년이 훨씬 넘은 보건지소의 초라한 내 진료실 창문 가득 햇살이 비추면 하루 일과를 시작한다. 할머니들의 야윈 젖가슴에 청진기를 올리고 손가락 마디마다 굵은 옹이가 박힌 뱃사람들의 손목 위로 맥박을 잡는다. 이제 얼마 후면 가막만에는 짧지만 매서운 겨울이 다가올 것이다. 정절을 지키다 죽은 아낙의 눈 내린 무덤 가에 피어났다는 전설이 담긴 남해의 겨울 동백꽃이 그 꽃말처럼 '진실한 사랑'의 피를 토해내듯 붉디붉게 피어날 것이다.

내가 준 상처들을 견디지 못하고 떠나버린 오랜 여자친구에게 내 못난 사랑은 화창한 봄날의 벚꽃처럼 너무도 가볍고 변덕스러워 믿을 수

없는 것이었으리라. 삶도 사랑도 엄 노인이 그랬듯 피를 토하는 아픔과
시련을 뚫고서야 오래 오래 피어나는 '겨울 동백꽃' 같은 것이었거늘.

글쓴이 김철환은 34세의 가정의학과 전문의로, 현재 전남 여수시보건소에서 공중
보건의사로 일하고 있다. 황동규 시인의 시를 좋아하는 그는 2000년 의사 파업 이
후 알게 된 많은 친구와 선후배들에게 따뜻한 안부를 전하고 싶다고 말한다.

산 도적, 눈뜨다

예쁜 파트너들이 한껏 치장하고 모여들어 '나보다 더 예쁜 미래의 원장 사모님은 없나' 곁눈질하던 의대 축제. 새삼스레 옆구리가 더욱 허전하던 그 허영의 잔치가 기억에 남을 리 없건만 유독 어느 해 가을 축제가 아직 뇌리를 떠나지 않고 있는 것은 물론 있지도 않던 파트너 때문이 아니다.

축제 초빙 연사로 온 어느 여류 소설가의 경험담은 듣기에 따라 한 귀로 듣고 한 귀로 흘릴 수도 있는 평범하기 짝이 없는 것이었다. 그 여류 소설가가 왜 우리 대학병원에 입원했는지는 기억이 잘 안 나지만, 얘기의 초점은 자신을 담당했던 레지던트에 대한 것이었다. 자신을 처음 맡았던 레지던트와 소설가는 사이가 좋지 않았던 모양이었다. 입원 수속을 마치고 병실에 누워 있는데 문을 열고 들어서며 그가 옆의 간호사에게 씨부렁거렸다는 소리는 누구의 귀에도 거슬릴 만했다. '가뜩이나 병실이 부족한데 죽을병도 아니면서 특실을 꿰차고 누워 있는 이런 VIP 환자는 밥맛'이라는 푸념을 누구라고 달가워하겠는가. 교수님은 제일 실력 있는 레지던트를 붙여 줬다고 했지만, 그 뒤로도 어쩜 그리 오만 불손한지, 소설가의 목소리 톤이 점차 높아졌다. 당시를 회상하며 화가 솟구친 소설가는 '핏자국에다 커피로 얼룩진 가운을 걸치고 면도도 하지 않은 산도적(山盜賊) 같은 녀석'이었다는 비어(卑語)를 서슴지 않았다. 며칠 후 소설가는 당장 담당 레지던트를 바꿔 달라고 병원 측에 요구했다. 구원 투수로 마운드에 오른 두 번째 레지던트는 아마 첫 번째와 정반대였던 모양이었다. 여류는 한결 부드러워진 음성으로 친절하고 자상하기가 정말 신사였다고 두 번째를 극구 칭송했다. 피부가 말갛고 우아한 기품이 콧수염만 없지 '닥터 지바고'의 오마 샤리프를 꼭 빼닮았다고. 퇴원하던 날 '닥터 지바고'뿐 아니라 레마르크의 '개선문', 이청준의 '당신들의 천국' 등 의사가 주인공으로 나오는 소설책을 한 아름 선물했노라며, 여러분도 두 번째 레지던트 같은 의사가 돼 주기를 당부한다는 말을 끝으로 그가 강단을 내려올 때 우레와 같은 박수가 터졌다.

강당 맨 뒷좌석에 홀로 앉아 덩달아 몇 번 양 손바닥을 부딪치던 나는 얼굴이 화끈 달아오름을 느꼈다. 나는 어쩐지 앞으로 예의 산도적 같은 의사가 될 것 같은 불길한 예감이 들었다. 하지만 동시에 여류 소설가의 논조에 전적으로 수긍할 수만은 없어 뭔가가 켕겼던 기억이 생생하다. 지금 돌이켜 보면 나는 아마 첫 번째 레지던트에게서 언뜻 신분이나 빈부, 계급을 뛰어 넘고자 하는 정의감 비슷한 것을 읽었는지도 모르겠다. 더욱이 그 무렵 나는 의사의 길을 포기하고 혁명 전선에 뛰어든 체 게바라나, 동족을 향해 '우리는 자기의 땅에 유배당했노라'고 설파한 프란츠 파농, 좀 더 많은 사람을 고치는 대의(大醫)가 되겠노라며 의학교를 중퇴한 노신 같은 사람들의 생에 몰두하고 있었다.

그 후 나는 대의는커녕 소의(小醫) 면허증도 어렵사리 취득한 후, 자연스레 레지던트가 됐다. 나는 예감대로 결국 환자 혹은 환자 보호자와 좌충우돌하는 산도적을 닮아 갔던 듯싶다. 나는 어디선가 의사, 즉 'doctor'가 '가르치다'를 뜻하는 희랍어로부터 파생됐다는 글을 읽은 후부터 부쩍 비위에 거슬리는 환자나 그 보호자를 교정하려 들었다.

그날도 환자 보호자와 거의 멱살잡이까지 갈 뻔했다. 파견 나간 어느 소도시 병원 응급실에서였다. 기흉(氣胸)이 의심되는 남자 고등학생의 X-레이를 찍고 그 결과를 기다리는데, 필름이 빨리 안 나온다며 환자 아버지가 성화를 부렸다. 주먹다짐 끝에 응급실을 찾는 취객들의 발걸음마저 끊기고, 시간의 흐름 어디에도 속해 있을 것 같지 않게 붕 뜨던 적막한 새벽 3시였다. 쉬고 있던 현상기가 다시 작동하려면 조금 데워져야 한다는 내 설명에 그가 대뜸 비아냥거렸다.

"이 병원 현상기는 뻥튀기인 모양이지? 불로 슬슬 달구다 어느 순간 '뻥' 하고 X-레이가 나오게."

내가 순간을 못 참고 말이면 다 하냐고 언성을 높이자 그 장년의 남자는 햇병아리 의사 녀석이 어디다 대고 훈계냐고 하면서 일어서고, 다시 내가 …. 결국 그는 난처해하는 아들의 소매를 이끌고 뻥튀기가 채 데워지기도 전에 욕설을 퍼부으며 응급실 문을 박차고 나섰다.

나는 가운을 벗고 참담한 심정으로 응급실 보조 의자에 앉아 거친 숨을 가라앉히고 있었다. 그때 불쑥 벽에 걸려 있는 달력의 한 문구가 눈에 들어 왔다.

'성 안 내는 그 마음이 최고의 공양이요, 미소 짓는 그 얼굴이 최상의 향기라네.'

파견 끝나는 날을 손꼽아 기다리며 수십 번 들여다보던 달력인데, 그제야 비로소 '법화경'에 있다는 그 구절이 눈에 들어온 게 한편으론 이상하면서도 한편으로 마음속에 작은 파문을 일으켰다. 아마 어느 작은 사찰에서 시주 많이 하는 신도들에게 나눠주기 위해 제작했을 법한 그 조악한 달력의 석굴암 사진 한 모퉁이에 보일락 말락 박혀 있던 법문. 성 안 내고 미소 짓는다니? 내 옛날 초등학교 통지표 '행동 발달 사항'

난이 으레 '품행이 방정하고 성질이 온순(혹은 온유)하며…'로 시작되듯 나는 원래 늘 입가에 미소가 떠나지 않고 성낼 줄 모르는 사람이 아니었던가? 그런데 지금 저 부처의 형상을 한 돌덩이가 나에게 성내지 말고 미소 지으라고 타이르고 있다니….

　내내 반장을 하던 초등학교 때도 사실 매사가 공평해야 한다는 강박감에 청소 시간에 혼자 빈둥거리는 급우를 보면 그냥 넘어가지 못했는데, 나의 이 미숙한 정의감 때문인가? 아니면 온순 혹은 온유라는 말의 여성스러움이 싫어 나는 이리 강파르고 급하며 격한 성격이 되고 말았던가? 그도 아니면 불만 투성이의 수련 과정에 대한 반발심 때문인가? 나를 키워 준 게 팔할이 고향 바람과 고향 사투리인데, 너무 오래 고향을 떠나 객지 생활을 해서인가?

　수련을 마치고 고향에 내려와 그 한 모퉁이에 간판을 걸고 개업한 후에도 깐깐한 성격은 쉽사리 고쳐지지 않았다. 진료실에 들어와 자리에 앉자마자 다짜고짜 "아저씨! 나 배 아픈데 왜 그래요?"하는 젊은 여자 환자. 마치 "화장실 물이 안 내려가는데, 왜 그래요? 아저씨."라고 묻듯이. 아무리 권위주의를 청산하면서 권위마저 내팽개친 사회라고 하지만, 오냐, 네가 나를 변기(便器) 뚫는 사람 정도로 대접한다면, 나도 너를 양변기쯤으로 다뤄주마, 분기탱천 할 때가 있었다.

　먼저 개업하고 있던 친구나 선배 의사들은 일단 개업한 이상 화류계

(花柳界)에 뛰어든 것과 마찬가지니 아무리 화나는 일이 있더라도 환자의 비위를 맞춰야지 절대 다투는 일이 있어서는 안 된다고 충고해 왔다. 나는 화류계라는 거친 비유 자체가 못마땅할 뿐더러 의사—환자 관계가 화류계 여자와 한량의 관계에 불과할까, 내심 고개를 저으면서도 의사의 개업도 사업은 사업이라는 점을 받아들이지 않을 수 없었다.

나는 응급실 달력의 법화경 문구와 석굴암 부처의 은근한 미소를 잊지 않으려 무진 애를 썼다. 처음엔 억지로 시작한 일이 점점 억지와 자연스러움의 경계가 희미해져 가는 듯싶었다. 나는 봄기운에 언 땅 녹듯 조금씩 내 마음이 풀리는 것을 감지하고 있었다. 내 마음의 빗장이 풀리는 소리를 듣고 있었다. 더불어 환자의 마음이 열리는 소리. 사람에 따라 활짝 혹은 슬며시, 오랫동안 기름칠을 안 해 삐거덕거리기도 하면서….

그러나 여전히 자존심을 긁어 오는 환자들은 있다.

"저 병원은 주사 한 대 맞으면 그날로 감기가 싹 달아나는데, 왜 이 병원은 몇 날 며칠을 다녀도 나을 줄 몰라?"

예전 같으면 "아, 그럼 그 병원으로 가세요."하고 가시 돋친 반격을 했을지도 모를 내가 '하루아침에 낫게 해주는 저 병원을 마다하고 굳이 우리 병원을 찾아준 이 환자가 고맙다. 그러기에 나는 이 환자에게 더욱 잘 해줘야지.'라고 생각하게 됐다. 나는 내 발상의 전환에 대견함과 뿌듯함마저 느끼고 있었다.

그러던 어느 날 나는 진료하느라 눈코 뜰 새 없이 바쁜 와중에 기억이 가물가물한 한 중년 여자로부터 전화를 받았다. 반 년 전 가끔씩 찾아 오는 하복부 통증으로 진료를 받은 적이 있다고 했다. 공짜로 초음파 검사를 해 준 것까지는 고마운데, 별 일 없을 거라는 자기에게 자궁근종으로 자궁을 들어내는 일이 생겨 지금 병실에 누워 있다는 전화였다.

'자궁근종은 중년 여성 서너 명 중 한 사람에게는 다 있는 것으로, 부스럼 같이 아무 것도 아니다. 폐경 이후에는 점점 작아지는데 그 병원에서 과잉 진료를 한 것은 아니냐? 질 초음파 말고 복부 초음파로는 잘 안 보이는 수도 있다.'

내게 이런 변명의 기회도 주지 않고 일방적으로 끊긴 전화 때문에 종일 마음이 무겁던 나는 일과가 끝나자마자 환자가 입원해 있다는 종합 병원으로 달려갔다. 뜻밖의 문병에 당황한 그 여자는 저녁을 뜨던 수저를 내려놓으며 내게 말을 건넸다.

"저 참 못됐지예?"

여자인 자기에게 이제 아기집이 없다는 사실이 슬프기도 했지만 선생님 마음이 아플까봐 사실은 전화를 안 하려고 했는데, 다시는 이런 오진이 없었으면 해서 수화기를 들었다고 했다. 순간 어떤 깨달음이 폐부를 찌르고 지나갔다. 이 여자 말고도 더러 내가 오진을 하거나 진단을 서두르지 못해 때를 놓쳐버린 환자들이 분명 있을 것이다. 따라서 이여자처럼 내게 연락을 취하지 않아 확인할 길이 없지만, 내 오진을, 내진단 지연을 면발치에서 너그럽게 용서해 주고 있는 분들이 있던 것이었다. 그럼 퇴원 날까지 몸조리 잘 하시라고 작별 인사를 하고 병원 문을 나서는 내 다리는 어떤 낭패감으로 마구 후들거렸다. 미련한 자식(子息)들은 제 힘으로 다 큰 줄 안다더니 내가 그 꼴이었다.

나는 요즘 '산도적 같은 의사' 소리를 면하려 매일 아침 열심히 면도를 한다. 턱수염이 듬성듬성 돋아난 내 얼굴이 거울에 비친다. 내가 거울을 떠나면 상(像)도 사라진다. 환자가 떠나면 의사인 나도 없어진다. 어처구니없게도 나는 그 사이, 올 때마다 내 자존심을 긁는 소리를 늘어놓아 다시는 찾아오지 말았으면 싶은 환자들, 반대로 내 자존심을 살려주려 다시 찾기를 저어하는 환자 분들 덕에 존재할 수 있었던 것이다.

글쓴이 이중근은 43세의 가정의학과 전문의로, 현재 제주 연세가정의학과의원 원장이다. 그는 수상소식을 듣고, 어린 시절 TV에서 보았던, 자신의 실수로 환자를 망친 후 청진기를 내팽개치고 탄광으로 숨어들었던 어느 의사를 떠올렸다. 그리고는 이렇게 말한다. "시커먼 얼굴에 탄가루 대신 자기모독을 묻힐지라도 굴하지 않고 낮은 포복으로 기어가렵니다. 침침하고 우울할 수도 있는 이 갱도를, 진정 고마운 마음으로…"

Thank you, thank you, thank you!

책상 서랍 속은 우리의 삶처럼 아무리 깨끗하게 정리해도 시간이 지나면 저절로 때가 묻고 헝클어지나 보다. 개방병원 신청서에 필요한 전문의 자격증 사본을 찾으려고 서재에 있는 책상 서랍 이곳저곳을 뒤적이다가, 맨 아래 칸 서랍을 여는 순간 오래된 사각형 인삼 통 하나를 발견했다. 그 위에 '절대 버리지 말 것'이라고 쓰인 퇴색한 사인펜 글자가 클로즈업돼 보였다.

거기에는 20대 후반의 아름다운 추억이 잠자고 있었다. '바로 이 사람이야, 이 사람의 부모가 거지만 아니라면 좋겠다'라는 감전(感電)되는 듯한 영감(靈感)으로 시작해 결혼까지 하게 된 의대생과 시골에서 화학을 가르치던 여선생 사이에 1년여 동안 오간 연서(戀書)가 대부분이었으나, 군의관 시절 동료와 부하들로부터 받은 편지도 몇 장 끼어 있었다.

용케도 버려지지 않고 살아남은 빛 바랜 편지들!

전문의 자격증을 찾으려고 서랍 속을 뒤적였다는 사실조차 까맣게 잊은 채 방바닥에 퍼지고 앉아 아련한 추억을 음미하며 빛 바랜 편지들을 읽었다. 마지막 편지를 들어올리는 순간, 인삼 통 바닥에는 누렇게 퇴색한 명함 한 장과 명함판 크기의 사진 한 장이 나타났다.

'Maj.(소령) Robert M. Rice. VMD, PhD(수의학 박사)'라고 쓰인 명함과 새파란 보리밭을 배경으로 찍은 아기 사진 한 장. 이것을 보는 순간, 나는 타임머신을 타고 20여 년 전 소아과 레지던트 시절로 돌아갔다.

그날은 초가을 어느 일요일이었다. 나는 그날 병실 담당 당직이었으므로 비교적 한가롭게 당직실에서 쉬고 있었다. 정오 경에 특실 간호사로부터 전화가 왔다. 닥터 쿡(Cook)이 입원시킨 아기 환자가 경기(驚氣)를 하는 것 같다며 좀 봐 줄 수 있느냐는 것이었다. 오늘 쿡 선생님은 친지들과 양산 통도사로 나들이를 가셨기 때문에 지금은 연락이 되지 않는다고 했다. 그 당시는 핸드폰은 물론 삐삐조차도 없을 때였다.

내가 수련 받던 부산의 침례병원에는 외국인 진료소가 개설돼 있어, 미군 부대(Camp Hialiah)의 가족들을 비롯하여 부산 지방의 많은 외국인이 이용하고 있었다. 거기에는 인정 많은 이웃집 아저씨 같은, 60세가 훨씬 넘은 미국 소아과 전문의인 쿡 선생님이 근무하고 계셨다.

나에게 응급 진료를 부탁한 특실 환자는 이틀 전에 고열을 주소(主訴)로 온 환자로, 인두염과 중이염 진단 하에 입원 치료하고 있던 1세 정도의 미국 아기 라이스였다.

나는 대학 다닐 때 영어 회화 서클 회원으로 있었기에 능숙하지는 않지만 영어로 의사(意思) 전달은 할 수 있었다. 오늘 같이 외국인 환자를 만나는 날은 참으로 다행한 일이었다. 나는 특실 담당 간호사를 데리고 라이스의 병실로 들어갔다. 차분하고 지적으로 보이는 라이스 엄마가 걱정스런 표정으로 우리를 맞이하며 목례로 인사를 했다. 나도 능숙하지 않은 영어로 이런 분위기에서 할 말도 없어 목례로 답하고, 라이스의 침대 곁으로 다가갔다.

라이스는 눈을 감고 두 팔을 접어 가슴에 대고 깜짝깜짝 떨면서 아직도 경기를 하고 있었다. 체온은 섭씨 38.5도였고, 자극을 줘도 울지 않았다. 목을 젖히니 뻣뻣한 감이 있었으며, 무릎과 발목을 작은 고무망치로 때려보는 건반사(腱反射, DTR)도 증가돼 있었다. 이경(耳鏡)으로 귓속을 들여다보니 중이염은 심하지 않았다.

진찰을 해 가면서 대략 감이 잡혔다. 내가 이렇게 진찰하는 동안 라이스 엄마는 조용하지만 예리한 눈초리로 우리의 일거수일투족을 지켜보고 있었다.

나는 진찰을 끝내고 라이스 엄마 쪽으로 돌아서서 천천히 그러나 분명하게 말했다.

"나는 전문의가 아니고, 오늘 당직을 하고 있는 레지던트 1년차이다. 내 판단으로 볼 때, 라이스는 지금 세균성 뇌막염에 걸린 것 같다. 그러므로 지금 당장 뇌척수액 검사를 시행하여 뇌막염을 확인해야 하고, 뇌막염으로 판명 나면 강력한 항생제 치료를 즉시 시작해야 한다"라고. 혹시 능숙하지 않은 영어를 잘못 알아들을까 중간 중간에 중요한 단어는 종이에 써가며 "내 말을 알아듣겠느냐?"고 확인했다. 라이스 엄마도 정신을 집중하고, 때로 되물어보며 확실히 이해하고 있다고 확인해 주었다. 그래서 다시 "당신이 이미 알고 있다시피 쿡 선생님은 지금 연락이 되지 않고, 저녁이 돼야 돌아온다. 그때까지 기다리면 상황은 훨씬 더 나빠질 수 있다. 당신이 나를 믿고 라이스의 치료를 맡겨준다면, 최선을 다해 즉시 필요한 치료를 시행하겠다. 가족들과 의논해 알려주기 바란다."라고 말하고는 라이스 엄마의 얼굴을 쳐다보았다. 걱정스럽고 혼란스런 표정이 역력했다. 내가 만일 우리보다 못한 동남아나 아프리카에 가서 이런 경우를 당했다면 어떻게 결정했을까, 하는 생각을 해보았다.

병실을 나온 지 얼마 되지 않아 "모든 것을 당신에게 맡길 테니 최선을 다해달라"는 연락이 왔다. 나중에 안 일이지만 라이스의 아빠는 미군 소령으로 수의학 박사였고, 라이스 엄마도 대학에서 문학을 전공한 엘리트였다. 그들의 입장에서 보면 전문의도 아닌 한국인 소아과 레지던트 1년차의 판단을 믿고 따르기에는 불안한 마음이 없지 않았으리라. 그런데도 나를 믿고 따르겠다니 고맙기는 했으나, 그 때부터 나는 더욱 긴장되고 책임이 무거워짐을 느꼈다. 약간은 두려운 마음까지 생겼다. 과연 내가 예상한 대로 뇌막염이 확실할까? 만약에 뇌척수액 검사에서 뇌막염이 아닌 것으로 나온다면 이 국제적인 창피를 어쩔 것인가?

그러나 이제는 엎질러진 물이다. 이제 와서 겁난다고 꽁무니를 뺄 수는 없지 않은가? 설사 뇌막염이 아닌 것을 내가 오진하였다 하더라도, 경기를 하는 환자는 뇌척수액 검사가 꼭 필요한 것이니 크게 잘못될 것은 없다. 쿡 선생님이 없을 때 경망스레 서두른 것이 약간은 부끄러울 수 있겠지만, 나는 아직 수련의니까 그런 정도는 용서될 수 있으리라. 반면에 겁이 나서 뇌막염 가능성을 알면서도 회피한다면 그것은 의사의 도리가 아님은 물론 내 소신과도 맞지 않는다.

'그래 한번 해보자. 뇌막염이 확실할 거야. 뇌막염 한두 번 봤나? 뇌막염이 아니라면 아기를 위해서는 다행한 일이고, 뇌막염이 맞는다면 의사의 책무를 다하는 것이 아닌가?' 라고 속으로 되뇌며 자신감을 북돋웠다.

나는 즉시 진경제(鎭痙劑)인 바리움(valium)을 정맥 주사해 경기를 멈추게 하고, 라이스를 특실에서 소아과 중환자실로 옮겨 뇌척수액 검사 준비를 시켰다. 나는 옆으로 구부리고 누워있는 라이스의 4, 5번 요추 사이로 기다란 주사침을 조심스럽게 찔러 넣었다. 라이스를 위해서는 뇌막염이 아니기를 바라면서도 내 진단이 틀리지 않기를 바라는 양가감정이 생겨났다. 건강한 사람은 맑은 물 같은 뇌척수액이 나오는데 라이스의 척수강(脊髓腔)에서는 고름에 가까운 누런 뇌척수액이 흘러나왔다. 이것은 뇌막염이 심하게 진행됐음을 의미한다.

나는 요망스럽게도 라이스의 건강보다도 진단이 틀리지 않았다는 사실에 안도의 한숨을 내쉬었다. 이제 뇌막염이 확실해졌으니 치료를 위해서는 일분일초가 급하다. 얼마나 빨리 치료를 시작하느냐에 따라 예후가 달라질 수 있기 때문이다. 당시로서는 가장 강력한 치료 방법인 대용량의 앰피실린(ampicilline)과 클로람페니콜(chloramphenicol)을 정맥으로 투여하는 본격적인 뇌막염 치료를 시작하였다. 그 외에도 뇌압 조절과 기타 치료에 필요한 여러 가지 지시 사항을 차트에 기록하면서 간호사에게도 신속하게 모든 것이 실행하도록 독려했다.

두 시간 여에 걸친 긴장 속에서 응급 진료를 마무리하고 중환자실을 걸어 나왔다. 줄곧 우리 행동을 지켜보고 있었던 라이스의 엄마가 따라 나오면서 진심으로 고마운 표정으로 "Thank you very much."라며 눈물을 글썽거렸다.

시간을 놓친 점심은 라면으로 때웠다. 다행히 새로운 치료를 시작한 후 경기는 더 이상 나타나지 않았고, 맥박과 호흡 등 바이탈 사인도 규칙적으로 돌아왔다. 라이스의 치료 때문에 미뤄졌던 일반 병실의 이것저것을 정리하고, 저녁을 먹은 후 8시가 넘어서 다시 라이스가 치료받고 있는 소아과 중환자실로 올라갔다.

그런데 중환자실 앞에는 여러 명의 외국인들이 웅성거리고 있었다. 라이스에게 무슨 일이 생겼나 싶어 깜짝 놀라서 황급히 중환자실 안으로 들어갔다. 반갑게도 쿡 선생님이 돌아와 라이스의 병상 옆에 계셨다. 쿡 선생님과 이야기를 하고 있던 라이스 엄마가 무어라고 하자, 쿡 선생님이 내 쪽으로 돌아보고 환하게 웃으시며 가까이 걸어오시더니 느닷없이 나를 끌어안으시며 "Thank you, thank you, thank you very much, Dr. Jung."하셨다. 그리고 이런 저런 말씀을 더 하셨지만, 자세히 알아들을 수가 없었다. 만일 우리 나라 의사가 외국에서 이와 같은 상황이 벌어졌다면 과연 그렇게 솔직한 감사의 표현을 할 수 있을까?

나는 쿡 선생님에게 라이스 엄마가 미처 말하지 못했을 의학적 경과를 간단히 보고했다. 이젠 내가 할 일이 없기에 중환자실 밖으로 나오는데 라이스 엄마도 따라 나왔다. 그녀가 중환자실 앞에 있던 여러 명 외국인에게 빠른 영어로 뭐라고 말하자, 그들은 순식간에 나를 에워싸고 여기저기서 손을 내밀어 악수를 청하면서 "Thank you, thank you, thank you."를 외쳤다. 나는 오늘날까지 그 때처럼 많은 "Thank you" 소리를 들어본 적이 없다. 그것도 미국 본토 발음으로 말이다. '이런 꺼벙한 레지던트가 쿡 선생님이 없는 사이에 그런 대견스런 일을 저지른 바로 그 친구란 말인가? 어이구 착하기도 하지.' 뭐 그런 생각으로 "Thank you"를 연발하고 악수 세례를 퍼부었던 것 같다. 나는 뜻밖의 요란스런 칭찬에 정신이 하나도 없어, 그냥 바보처럼 억지웃음만 짓고 서 있는데, 훤칠한 키의 백인 신사 한 분이 따뜻한 미소를 지으며 내 앞으로 다가서서 자기가 라이스의 아빠라며 명함을 건네주었다. 그 명함이 오늘 퇴색한 채로 낡은 인삼 통 속에서 발견된 바로 그 명함이다.

그날 이후 내가 당직을 서는 날이면 이따금씩 라이스가 있는 특실을 찾아가서 라이스의 상태도 살펴보고, 라이스 엄마와도 이런저런 이야기를 나누었다. 한 달 이상 쿡 선생님의 자상한 치료를 받았으나, 라이스의 상태는 우리가 예상한 대로 별로 좋아지지 않았다. CT 검사에서 뇌조직에 손상이 있는 것으로 판독됐다.

어느 날 저녁, 내가 라이스의 병실을 찾아가니, 라이스 엄마가 "내일 집에 갑니다. 언젠가 라이스에게 닥터 정의 이야기를 하겠습니다. 영원히 닥터 정의 능동적이고 자상한 그날 행동을 기억하겠습니다. 이것은 내가 닥터 정을 위하여 집에서 만든 케이크입니다. 그리고 이것은 내가 갖고 다니던 라이스의 사진입니다. 기념으로 드리겠습니다. Thank you, thank you, thank you very much." 하였다.

수많은 "Thank you" 소리와 라이스 엄마가 준 케이크의 달콤한 맛을 지금도 생생하게 느낄 수 있는데, 벌써 20여 년의 세월이 훌쩍 흘러가 버렸다. 라이스 엄마는 아직도 그날의 닥터 정을 기억하고 있을까? 읽어 주셔서 Thank you, thank you, thank you!

글쓴이 정만진은 55세의 소아과 전문의로, 현재 정만진소아과의원 원장이다. 글쓰기를 좋아하는 그는 '한미수필문학상' 공모가 고귀한 생명을 다루는 현장에서 안타깝고, 애절하고, 허무를 느끼게 하는 수많은 일을 경험하는 의사들에게 화려한 무대를 마련해 주었다고 말한다. 한미수필문학상이 의사들의 신춘문예가 될 것으로 확신한다는 덕담도 덧붙였다. 틈틈이 봉사활동도 하는 그는, 지난 5월에 이라크로 의료봉사활동을 다녀오기도 했다.

단월(丹月) 이야기

"아무래도 올 겨울을 넘기시기 어려울 것 같습니다."

경험이 부족한 풋내기 의사지만 임종환자를 몇 번 보다 보면 묘한 느낌이라는 게 생긴다. 오랫동안 병마와 씨름하다가 곡기를 끊고 드러누워 버린다거나 의식이 흐려지며 잠꼬대 같은 소리를 많이 한다거나 하는 것은 경험 많은 시골 노인 분들도 아시는 전조다. 몸이 후끈거리고 덥다고 이불을 다 걷어 내차고 연신 부채질을 시킨다거나 며칠 밤을 한숨도 자지 않고 지샌다거나 하는 것도 의사에게는 불길한 징조다.

옆에서 할아버지의 팔을 주물러 드리던 할머니의 얼굴이 굳어진다. 할아버지는 며칠째 식사를 하지 못해 퀭한 눈으로 천장만 바라보고 있었다. 옆에서 불러도 시선이 천장에서 돌아올 줄 모른다. 2주만에 놀랄

정도로 수척해 있었다. 윤기 없는 살갗에 묻어 나오는 거뭇거뭇한 흙빛
이 죽음의 그림자가 드리워진 듯했다. 혈압을 재는 동안 따라온 보건요
원이 장례절차를 말하고 있었다. 지역에 연고가 없는 할머니를 위해 할
머니가 이곳으로 이사를 온 후 다니는 교회에서 제반 처리를 해준다는
것이다.

이야기를 듣는 내내 할머니는 할아버지의 손을 꼭 잡고 있었다. 혈압
계를 풀고 한 번 더 할아버지 얼굴을 살피는데 아차 하는 생각이 뒤통
수를 쳤다. 할아버지 눈가에 눈물이 맺혀 있는 게 아닌가. 병마와 힘겹
게 싸우고 있는 사람 앞에서 쉽게 죽음을 이야기하다니. 조그만 희망의
불씨라도 있다면 그 끈을 놓고 싶지 않은 것이 사람의 마음인데…. 하
지만 할아버지를 처음 만날 때나 그때나 희망의 불씨가 보이지 않는 것
은 마찬가지였다.

더위도 한풀 꺾여가던 작년 9월 초 무렵이었다. 시골 보건지소에는
농사 일 하시는 분들이 많아 한참 일할 오후에는 환자가 뜸하다. 여유
로운 오후시간을 즐기고 있는데 할머니라고 부르기도 뭣하고 아주머니
라고 부르기도 애매한 연령대로 보이는 한 여자분이 진료실 문을 두드
리셨다.

"무슨 일로 찾아오셨어요? 할, 아니 아주머니 어디 편찮으세요?"

"아니 저 …, 소장님, 우리 영감님 좀 봐주세요."

"할아버님요? 어디가 불편하신데요? 같이 오셔야죠. 혼자 오셨어요?"

가끔 일 나가신 분을 대신해 혈압약이나 감기약, 관절염약 등을 달라고 떼를 쓰시는 분이 있다. 몇 달째 환자는 오지 않고 가족이 와서, 차트에 환자 진찰 기록이 없는 경우가 수두룩했다. 또 실랑이를 벌여야되겠구나. 목소리에 짜증이 묻어 나오기 시작했다.

"할머니, 제가 할아버지를 봐야 약을 드릴 수 있어요. 할아버지께서 직접 오셔야 돼요."

"예, 그게…, 우리 영감님이 누워 계세요. 집에 차가 없어 모셔올 수도 없고 …."

직접 환자를 보기 전에는 절대로 약을 조제해 주지 않겠다고 여기저기 공언해 놓은 터라 어쩔 수 없이 청진기, 혈압계 등을 주섬주섬 챙겨 왕진을 나갔다. 산자락 아래 옹기종기 붙은 집 사이로 난 좁은 골목길은 승용차 한 대도 들어갈 틈을 주지 않아 한참을 걸어 들어가야 했다. 약을 담은 바구니를 들고 따라오는 간호사에게 미안할 지경이었다. 그 긴 골목길 끝에 버려진 농가를 대충 수선해 놓은 할머니 집이 있었다. 방을 들어서기 전, 으레 환자가 있는 방에서 풍겨 나오기 마련인 야릇한 냄새를 상상하면서 마당의 맑은 공기를 한껏 들이마셨다. 그런데 발을 들여놓으며 마주한 방 안 모습은 검소하면서도 무척 깔끔했다. 오래 누워 있는 환자가 있는 곳답지 않게 은은한 꽃향기마저 나고 있었다.

"아, 아, 안녕하세요, 안녕하세요."

어눌한 발음의 할아버지가 누운 채로 나를 맞았다. 할아버지는 뭐라고 나에게 더 말씀을 하셨는데 알아듣기가 어려웠다.

"정신이 깜박깜박해요."

할머니는 차를 내오시며 봄에 있었던 이야기를 풀어놓으셨다.

버스 운전기사를 하며 건강하게 생활하던 할아버지가 갑자기 쓰러진 것은 2월 무렵이었다. 부랴부랴 병원으로 갔을 때 의사들은 뇌졸중이라고 했다. 그리고 며칠 뒤 신장에 이상이 발견됐는데 수술도 어렵다는 말을 들었던 일에, 패혈증에 걸려 중환자실에 갔던 일이며, 할머니 얘기는 그칠 줄 몰랐다.

"이 병원, 저 병원에서도 해 줄게 없다고, 얼마 못 사실 거라고 그래서, 이렇게 집에서 돌아가실 날만 기다리는 거예요."

혈압이 210에 120, 의식은 뚜렷하지 않고 뇌졸중으로 우측 편마비가 있고 콩팥에는 알 수 없는 무서운 뭔가를 가지고 있는 64세 할아버지. 이제 갓 인턴을 마치고 온 시골 보건지소 초짜 의사에게는 부담스러운 환자다. 이럴 때에는 경험 많으신 '큰' 병원 전문의 선생님께 보내드리는 게 상책이다.

"할머니, 지소에서는 할아버지 피검사도 할 수가 없어요. 그리고 지금 상태가 안 좋으신데 다시 병원으로 모시고 가시는 게 좋을 것 같네요. 할아버지 신장에 이상이 있다는데 그게 뭔지 병명을 모르니 저도 답답하네요. 할아버지의 상태가 어떠신지 다시 검사를 받아 보고 거기에 맞는 적절한 치료를 받는 게 나을 것 같은데…"

실력 없는 초보 의사는 말끝을 흐린다.

"그래도 병원에서 나올 때보다 많이 좋아지신 거예요. 이미 다 포기하고 죽으려고 이리 들어온 건데, 다시 병원에 들어가도 더 뭘 하겠어요. 그냥 여기 계신 동안 편안하게 계시게 좀 해주세요. 병원에 있을 때 고혈압이 있다고 했는데 혈압약도 좀 주시구요."

언제 돌아가실지 모르는 환자에게 혈압약이 무슨 소용이 있을까? 하지만 간절하게 부탁하는 할머니의 청을 거절하지 못해 덥석 2주일에 한 번씩 들르겠다는 약속까지 하고 말았다. 그렇게 시작된 할머니 댁 방문이 가을을 지나 겨울을 거쳐 해를 넘겼다. 그 동안 할아버지는 집 앞에 심어놓은 호박 줄기보다 더 빨리 말라갔다. 내가 왕진을 다니면서 오히려 더 상태가 나빠진 것 같아 할머니 보기가 죄송스러워졌다. 괜히 핑계를 만들어 왕진을 미룰라치면 할머니께서 직접 보건지소로 오셔서 혈압약이랑 소화제 등을 받아서는 무슨 보물이라도 되는 양 꼭 싸안고 가시곤 했다. 그러던 1월 어느 날, 2주만에 다시 찾아 뵌 할아버지는 온

몸의 진기를 다 짜내버린 사람처럼 힘없는 모습으로 누워 계셨다.

"아무래도 올 겨울을 넘기시기 어려울 것 같습니다."

너무 성급한 표현이 아닐까 하고 후회를 해보면서도 한편으로는 할머니도 마음의 준비를 해 두시는 게 좋을지도 모른다는 생각이 겹친다. 단지 마음에 걸리는 것은 할아버지의 눈물이었다. 혹시 내 말을 알아들으신 건 아닌지, 초보 의사의 섣부른 판단이 한 생명의 삶에 대한 의지를 꺾어버린 건 아닌지, 이런저런 생각에 가슴이 답답해져 왔다. 집을 나설 때면 꼭 연락처를 문 앞에 붙여두고, 집 밖에 나갔다가도 1시간 이상을 머무르지 못하고, 매일 서너 개의 기저귀를 손빨래하며 늘 할아버지에 매여 사는 할머니. 이런 할머니의 모습이 딱하게 보여 차라리 돌아가시는 게 나을지도 모른다는 동네 할머니들 이야기에 내 판단의 어떤 당위성을 찾아 끼워 맞추려고도 했다. 집을 나서기 전에 다시 한번 병원에 가서서 검사를 해 볼 것을 권유했지만 병원에는 가시지 않겠다는 말만 들어야 했다.

그런 일이 있은 후 이틀인가 사흘인가 뒤에 할머니로부터 전화가 왔다.

'결국 돌아가셨구나.'

수화기 너머로 들려올 비장한 말을 예상하면서 최대한 차분한 목소리로 전화를 받았다.

"소장님, 잠깐 오셔서 영양제 주사 좀 놓아주셨으면 하는데요."

'사람 목숨이라는 것이 연약한 듯하면서도 참 질기구나' 라는 생각을 하면서 다시 댁으로 갔다. 할머니는 어디서 구해 오셨는지 아미노산 수액과 포도당 수액 몇 병을 내미셨다. 정맥 주사를 놓고 돌아 나오려는데 할머니가 슬며시 물으신다. 한약을 지어왔는데 드려도 괜찮을지. 한약이 지금 같은 상황에서 어떤 효과를 보일지 모르겠지만, 서울까지 가서 약을 지어온 할머니의 정성을 생각해서 기도로 넘어가지 않게 조심해서 드리라고만 일러드리고 나왔다. 방을 나서는데 언제나 깔끔하게 정리된 할머니의 방 한편에 우두커니 누운 할아버지와 할아버지가 덮은 이불 장식이 꽃무늬 벽지와 참 잘 어울린다는 엉뚱한 생각이 들었다. 저 아랫목 자리가 비면 참 허전하겠구나.

세 번 정도 더 할머니 댁에 들러 정맥주사를 놓아드리고 며칠이 지났다. 할머니에게서 또 전화가 왔다.

"소장님, 오늘 아침에는 미음을 넘기셨어요. 혈색도 많이 좋아지셨구요. 하느님이 저를 미워하셔서 영감님 뒷수발 더하라고 그러시나 봐요."

은근히 할아버지 병 수발 걱정을 하시는 듯하지만 목소리는 그렇게 밝을 수가 없었다.

내가 지어드린 혈압약이나 변비약, 소화제가 또 다른 약효가 있었든지 아니면 할머니께서 지어오신 한약이 효험이 있었든지 그것도 아니면 철마다 방문 창호지에 대나무 잎이며 국화 잎 등을 바르고 예쁜 꽃무늬 벽지로 환자 방을 꾸미던 할머니의 정성에 하늘이 감동했는지 할아버지는 무사히 겨울을 넘기셨다. 그리고 작년 겨울 할아버지처럼 말라가던 호박 넝쿨이 있던 자리에 다시 호박 넝쿨이 올라가고 늙은 호박이 주렁주렁 열리도록 나는 여전히 왕진을 가서 그 호박을 얻어다가 호박죽을 끓여먹고 있다. 할머니는 여전히 할아버지 기저귀 빨래를 하시고.

그 사이 보건지소 관할 구역에서 폐암 말기로 퇴원하신 건너편 집 할아버지와 치매로 10년을 누워 계시던 지소 앞집 할아버지, 그리고 구강암으로 퉁퉁 부은 턱을 감싸안고 계시던 옆 동네 할아버지께서 돌아가셨다. 그리고 또 할머니 두 분이 더 돌아가셨다. 노령층이 많은 시골이라 치매나 뇌졸중으로 거동 못하시는 분도 많고 병원에서 오래 치료를 받으시다가 더 이상 가망이 없어 그냥 집에서 돌아가실 날만 기다리시는 분들도 많다.

병원에서 수련 받을 때에는 '더 이상 해 드릴 것이 없습니다.' 라는 말을 뒤로 하고 병원을 나간 환자가 어떻게 마지막 순간을 보내는지 알지 못했다. 더러 급격히 쇠약해진 육신을 이끌고 다시 병원에 돌아와 며칠

을 견디지 못하고 '운명하셨습니다.'라는 일곱 음절의 말로 세상과 인연을 끊고, 다른 환자들이 볼세라 모두들 잠든 새벽에 흰 보자기를 머리까지 덮어쓰고 오열하는 가족과 영안실로 내려가는 환자를 보기도 하지만, 퇴원과 재입원 사이의 몇 주, 몇 달간의 공백기간에 그들에게 어떤 일이 있었는지 알지 못했다. 이름보다는 병명으로 환자를 기억하는 것이 더 쉬웠던 나에게 병원을 벗어난 세계에서의 그들의 모습은 관심 밖이었다. 그들의 가족이 어떤 심정으로 어떤 고난의 시간을 보냈는지 짐작조차 할 수 없었다. 오랜 병 시중으로 인한 피로에도 실낱같은 희망을 놓지 않으려는 그들의 절박함을 알지 못했다. '喪中'이라는 등이 내걸린 상가 앞을 지나면서 그 등이 내걸리기까지 얼마나 많은 시간 동안 아내나 딸, 아들 혹은 남편이 망자의 머리맡을 지키며 밤을 지새웠을지 생각해 보지 못했다.

왕진을 가서 할머니를 보면 고등학교 시절 아버님을 여의었다는 친구의 말이 떠오른다.

"며칠 동안 의식이 없으셨어. 매일 아침 어머니와 동생은 아버님 손을 잡고 울었어. 친척 분들은 이제 그만 돌아가시는 게 낫겠다고 했지. 아무 말씀도 없고 반응도 보이지 않는 아버지였지만 거기 그렇게 계시다는 것만으로도 나는 안심이 됐어. 거기 그렇게 누운 채로 우리 이야기를 듣고 계실 거라고 생각하면 그래도 힘이 났거든. 아버지가 돌아가신 후 그 빈자리가 너무 크더라. 그런 상태로라도 좀 더 우리 곁에 계셨으면 하고 운 적도 있었어."

한 사람의 출생부터 임종까지, 의사는 생의 시작과 끝을 담당하는 숭고한 일을 한다고 자만한 적이 있다. 시골 보건지소에서 2년 가까이 근무하며 병원에서와는 전혀 다른 환경에서 전혀 다른 환자들과 그들의 가족을 보면서, 의사란 단지 생과 사의 길목에 불 밝히고 서 있는 사람일뿐이라는 생각을 하게 된다. 사람이 가족과 세상과 맺은 인연은 쉽게 끊어지지 않고 끊을 수도 없으며 오로지 신만이 적당한 때를 고르시는 게 아닐까? 죽음을 기다리는 고통의 순간도 가족에게는 행복했던 인연의 시간에 대한 값을 치르는 것인지도 모른다. 그 행복이 컸던 만큼 참아낼 수 있는 인내의 시간도 길어지는 것은 아닌지.

오랜 세월 세상과의 인연을 이어가다 돌아가시거나 오래도록 병을 앓다가 돌아가시면 흔히들 호상이라고 한다. 호상(好喪), 사람이 죽은 것에 좋은 것이 어디 있을까? 다만 슬퍼하는 가족을 위로하고 그들이 감내했을 긴 투병의 시간을 칭찬하고 병 시중의 피로 중에 느꼈을지도 모르는 갈등에 대한 면죄부를 주기 위함일 것이다.

죽음을 쉽게 말하는 자들, 삶의 가치를 폄하하는 사람들에게 의사와 함께 운명의 길에 서서 우두커니 불을 밝혀들고 삶과 죽음의 모퉁이를 힘겹게 돌아가는 사람들을 비추어 보라고 권하고 싶다. 그리고 그 모퉁이에서 차마 따라가지 못하고, 모퉁이를 막 돌아가려는 사람의 옷깃을 부여잡고 쉽사리 그 손을 풀지 못해 힘겨워하는 사람들의 한숨 소리를 들어보라고 권하고 싶다.

왕진 가서 가끔씩 할아버지의 마른 손을 잡아보면 할머니의 체온이 느껴질 때가 있다. 그럴 때면 앞으로 삶과 죽음이 놓여 있는 긴 운명의 길에 내가 들고 서 있는 등불이 좀 더 따뜻하게 빛날 것 같다는 생각이 든다.

글쓴이 조수근은 29세의 공중보건의사다. 이 글을 쓸 당시에는 경기도 양평군 단월면보건지소에서 일했고, 지금은 그 옆의 지제면으로 옮겼다. 그는 공중보건의사로 일하는 동안 병원이 아닌 생활 속에서, 이웃에서 살아가는 환자와 보호자를 가까이에서 보게 된 것이 소중한 체험이었다고 말한다. 그는 매일매일 진료실에서 만나는 할머니, 할아버지들과 시골에 계신 부모님 모두가 건강하기를 소망한다.

죽음 배우기

의술은 아픈 사람의 병을 낫게 하고 죽어가는 사람을 살리는 것이다. 아픈 이의 가족과 아픔을 함께 하고 돌봐주는 것도 포함한다. 대학병원에서 근무하는 나 역시 마찬가지 업무를 수행하고 있지만, 학생교육, 연구, 전공의 가르치기 등의 업무가 추가되다 보면 환자진료에 전념하기는 쉽지 않다. 그러다 보니 위중한 환자나 응급을 요하는 경우가 아니면 자칫 손이 덜 갈 수 있다. 그런 느낌이 들 때마다 최우선적인 정체감은 의사임을 되새겨 보지만 모든 업무에 완벽을 기하기는 쉽지 않다. 하지만 분명한 것은 의사는 무엇보다도 환자를 돌봐야한다는 것이다. 그 성격이 환자를 살리는 것이 아닐지라도 말이다.

17~18년 전 겨울에 있었던 일이다. 인턴 근무 시절, 오지에 있는 지

방 종합병원에 한 달간 파견근무를 한 적이 있다. 이미 인턴 생활 10개월째로 내과, 외과, 소아과에서 한 달씩 근무했고, 대학병원에서 산부인과 인턴 할 때 배운 가락으로 이 병원에 와서는 산부인과 전문의 없이도 분만을 감당할 정도였고, 안과, 이비인후과, 비뇨기과 등등 '이젠 뭐, 하산할 때도 됐다' 며 의사로서의 자신감으로 충만해 있을 때였다. 더구나 정신과 전공의 시험에 합격한 뒤라 내 인생은 장밋빛으로 물들어 있었다.

6년간의 학교생활, 10개월의 인턴생활을 통한 자신감이 순식간에 무너져 내린 사건을 그 겨울에 만났다. 해가 저물던 추운 겨울, 산 속 오지에 있던 병원은 기온보다 더 춥게 느껴졌다. 그때 만난 소녀의 모습은 항상 머리 속에 남아 있고, 좀 더 적극적이지 못했던 내 모습이 여전히 원망스럽다. 소녀가 환자로 내게 왔던 것도 아니고 내가 책임져야 할 의무가 있는 것도 아니었다. 환자로 온 것은 소녀의 아버지였다. 저녁에 응급실에서 연락을 받고 환자를 보러 가니 초췌한 40대 남자가 숨을 헐떡이며 침대에 누워 있었고, 그 옆에 한 소녀와 작은 남자아이가 있었다.

환자는 숨이 차서 몸도 제대로 가누지 못했고 말도 하기 어려웠지만 가끔씩 작은 목소리로 '죽여주…' 라고 말했다. 소녀는 초등학교 5학년이었고, 남동생은 1~2학년이었던 것 같다. 환자 상태가 상당히 심각해 어른에게 알리는 것이 필요할 것 같아, 소녀에게 엄마는 일하러 가셨냐고 물었다. 엄마는 벌써 몇 년 전에 생활고를 비관해 가출한 상태였고, 아빠는 결핵을 앓고 있으면서도 술을 계속 마셔 일하지 못한다고 했다. 급한 대로 혈액을 채취하고 흉부 엑스선 사진을 찍도록 한 뒤 환자를 어찌하면 좋을지 궁리를 했지만, 인턴 수준으로는 환자 상태를 감당할 수 없어 일반외과 과장에게 연락했다.

과장은 환자를 잘 알고 있었다. 약도 제대로 먹지 않고 매일 술만 먹고 지내는, 협조가 안 되는 동네 사람이라고 했다. 잠시 나와서 환자를 봐 주시고는, 이 사람에게 의사가 할 일은 없다고 했다. 흉부 엑스선 사진에 보니 양쪽 폐가 거의 다 망가져서 호흡을 통해 산소공급이 불가능해 보였다. 결국 모든 의학적 처치가 먹혀 들어갈 여지가 없는 상태였다. 죽을 때를 기다리는 것 외에는 대책이 없었다. 그야말로 죽기 직전에 병원에 온 것이다. 과장은 내게 "반 선생, 오늘 소중한 경험을 하게 될 거요. 이 환자 병실로 옮기고 밤새 지켜보세요."라고 했다. 무슨 처치할 게 있느냐고 물었으나, 그냥 지켜보라고만 하고는 가버렸다.

병실로 옮기고 나니 정말 아무 할 일이 없었다. 산소를 준들 폐가 망가졌으니 오히려 악영향을 미칠 것이고, 환자가 숨이 가빠서 괴로워하는 것을 보고 있는 수밖에 없었다. 자정이 지나면서는 의식도 점점 가물가물해지면서 간간이 엉뚱한 소리를 해댔다. 인턴 생활하면서 곧 사망할 환자를 앰뷸런스로 집에까지 모셔다 드리고 식구를 다 모이게 한 뒤, 기도 삽입관을 빼내는 경험을 몇 차례 한 적은 있지만, 이렇듯 가까이에서 죽음의 과정을 오랫동안 지켜본 적이 없는 나로서는 너무나 시간이 길게 느껴졌다. 이제 죽음이 확실하다고 느끼게 되자 이렇게 괴로운 채로 지켜볼 바에는 차라리 환자 소원대로 이 과정을 단축시켜주는 것이 낫지 않을까 하는 생각도 들었다. 안락사나 존엄사라는 단어를 들어본 적도 없던 나로서는 그런 생각이 드는 것이 의사로서의 자질에 문제가 있는 것이 아닌가 하는 회의도 생겼다.

종합병원에서, 40대의 남자가 죽는 것을 지켜보는 것 이외에 다른 방법이 없다니…. 환자가 죽을 것이 점점 확실해지면서 그제야 옆에 있는 아이들에게 눈이 갔다. 소녀에게 연락할 다른 식구가 없냐고 하자, 멀리 사는 고모가 있다고 하였다. 만난 적도 거의 없고 전화번호만 가지고 있다고 했다. 전화번호를 받아서 고모에게 연락했다. 오늘 밤 안으로 임종을 맞을 것 같다고 설명하고 친족이 와 줄 것을 부탁했다. 아무리 빨리 온들 병원까지 서너 시간은 족히 걸릴 거리였다. 전화한 시간이 이미 자정이 지난 때라 자다 깬 고모는 자신이 뒤처리하는 것이 사뭇 불만스럽다는 음성이었지만, 아무튼 내려오겠다며 전화를 끊었다.

환자는 천천히 죽어가고 있었다. 남자아이는 병실 밖 복도에서 혼자 놀고 있었고, 소녀는 환자 옆에 서서 나를 빤히 쳐다보면서 "선생님, 우리 아빠 살려 주세요, 네?"라고 울먹거렸다. 의사 가운을 입고 있는 게 창피했다. 아무런 도움을 주지 못하고 있는 자신이 너무 한심했다. 잠깐이나마 무슨 도움을 주고 싶었지만, 할 수 있는 것이 없다는 것이 기가 막혔다. 방금 전까지 충만했던 자신감은 다 어디론가 사라졌다. 죽음 앞에 선 환자를 놓고 어쩔 바를 모르는 내가 너무나 야속했다. 눈물을 흘리는 아이를 보며 목이 메어, 밖으로 나와 마음을 추슬렀다.

다시 병실로 들어가 아이와 잠시 이야기를 나누면서 제 나이에 걸맞지 않게 참 야무지다는 생각을 했다. 엄마가 몇 년 전에 가출하고 아빠는 병을 앓으면서도 매일 술을 마시고, 아이가 살림을 하면서 학교에 다니고 동생을 돌봤다고 한다. 어렵게 자란 아이답지 않게 깔끔하고 영리해 보이는 얼굴이다. 가출한 엄마에게 연락은 되느냐고 하니 가출한 뒤로 전혀 소식이 없다고 한다. 아까 연락한 고모 외에는 변변한 친척도 없단다. 고모도 살림이 어려워서 별로 도움을 주지 못한다고 한다.

내 머리 속은 복잡해지기 시작했다. 환자는 곧 죽을 것이고 이

아이들은 어떻게 될 것인가? 고모도 아이들을 맡을 능력이 없다는데 어디로 가나? 나중에야 고아원에라도 가겠지만 당장 밥 한 끼 사먹을 돈도 없는 이 아이들은 어쩌나? 생각이 꼬리를 물자 서울에 있는 우리 집에 데려가서 키워 주면서 학교를 보내 주면 어떨까 하는 생각이 들었다. 물론 식구들을 설득해야 하는 문제도 있지만, 초등학생이고 영리하니까 잔심부름도 하고 자기 앞가림은 알아서 할 듯싶기도 한데…. 그런데 이런 아이들을 내가 데려가면 앞으로 이런 문제가 생길 때마다 아이들이 늘어나는 건 아닌가? 나는 사회사업가는 아닌데, 그렇다고 이 한겨울에 아이들이 갈 데가 없으면 어쩐다? 환자를 살리지 못하는 죄책감과 무능력도 한심한데, 꼬마를 도와줄 방책도 세우지 못하는 나는 더욱 한심하게 느껴졌다.

이미 시간은 새벽 서너 시가 지나서 머리도 멍하고 아이들 문제를 생각하느라 골치도 아파 복도 소파에 앉아 머리를 기댔다. 간호사가 나와서 환자 상태가 나쁘다고 한다. 달려들어가 보니 거의 숨이 끊어진다. 마지막 숨을 몇 차례 길게 몰아쉬더니 조용하다. 심폐소생술을 해볼까 했지만, 심장이야 다시 뛰게 할 수 있지만 숨을 쉬지 못할 텐데, 괜히 환자에게 못할 짓만 하는 것 같아 그만둔다. 소녀는 크게 울지도 못한다. 남동생은 소파에 누워서 잠이 들었다. 환자를 영안실로 내리는데 침대 뒤를 따라가는 소녀의 뒷모습이 자꾸 자꾸 커지면서 눈앞으로 다가온다.

'쟤한테 서울 가자고 말을 해보나? 어떡하나? 이따가 고모가 오면 말이나 해 볼까?'

1시간 정도가 지난 뒤 고모가 도착했고, 남자아이를 데리러 병실로 올라온 그녀를 잠시 만났다. 전화 통화할 때 목소리로 상상했던 모습보다는 선해 보이는 얼굴이다. 환자 죽음에 대해서는 별 말이 없고 '유언은 없었냐' 고만 한다. 이미 환자는 응급실에 올 때부터 거의 의식이 좋지 않았고 말이 없었다. 아이들 아빠는 젊어서부터 말썽만 부리고 애 엄마도 도망가고 아이들이 불쌍하다고 한다. 하지만 고모도 사정이 어려워 알면서도 그 동안 도와줄 수 없었다고 한다. 고모는 아이들을 자기가 일단 데리고 갈 거라고 한다. 내가 고민했던 아이들 문제가 해결되자 어깨가 한결 가벼워진다.

날이 새고, 나는 다시 응급실에 들어오는 환자와 씨름하고 병실에서 걸려오는 전화를 받고 입원환자들을 돌보러 간다. 그렇게 바삐 살다보니 십 수 년이 흘렀지만, 소녀의 모습을 떠올릴 때면 항상 가슴이 찡하다. 당시 내가 가졌던 자신감이란 자만심이었을 뿐임을 깨달았다. 의사란 환자를 살려내는 직업이지만 전능한 존재는 아니다. 최선을 다할 뿐이다. 그러고 나서 막을 수 없는 죽음이라면 편안하고 위엄 있게 맞이할 수 있도록 돕는 것 역시 의사의 고유 업무일 것이다. 환자의 죽음 이

후에 일어나는 일들, 어디까지 의사의 역할이 필요한 것일까? 가끔씩 소녀의 맑은 눈이 생각난다.

글쓴이 반건호는 45세의 정신과 전문의로, 현재 경희의대 소아정신과 교수다. 그는 수상소감에서 자신이 느꼈던 '미안함'이 과연 환자—의사 관계에서 의사가 거쳐야 할 경험의 수련과정으로 꼭 필요한 것인지, 혹은 의사로서 그런 것까지 부담을 가져야 할지 아직도 잘 모르겠다고 썼다. 그는 이 글을 '고해성사' 하듯 썼고, 그로 인해 마음이 약간은 가벼워졌다고 말한다.

출 산 , 그 아름다운 고통

"힘, 힘 줘. 더 세게, 이번이 마지막이라고 생각하고."

"옳지, 옳지. 머리가 보이네. 자, 최선을 다해야지."

처제(妻弟)가 분만대 위에서 산고를 겪고 있었다. 벌써 8시간이 넘게 산통을 겪으면서 처제는 이미 탈진해 있었다. 인간이 겪어낼 수 있는 극한의 고통 중에서 출산의 아픔을 그 첫째로 치지 않던가. 게다가 처제의 골반은 좁았다. 자궁경부가 완전히 열린 뒤에도 아기 머리의 하강이 너무 느리게 진행됐다. 자궁 수축제를 써야 했다. 그런데 수축제가 들어가자 통증이 더욱 심해졌다. 얼굴이 방울토마토처럼 새빨갛게 되고 입술을 깨물면서도, 처제는 그러나, 의연했다. 간간이 신음소리가 새어나오긴 했지만….

'이렇게 고생만 다 하고 수술이라도 하게 되면….'

별의별 생각이 다 들었다. 혹시 기형아라도 태어나면 어떻게 하지? 아기가 잘못돼서 뇌성마비가 된다거나, 처제가 분만 손상을 입게 되면 어쩌지…. 방정맞은 생각이 주책없이 떠올랐다. 만약 그렇게 된다면 산부인과 의사로서의 직업적 자존심도 상처를 입겠지만, 그 이전에 사위로서, 형부로서, 또 남편으로서 처가 식구에게 얼굴을 들 수 없는 일이었다. 무엇보다 형부가 가장 솜씨 좋은 산과 의사라고 굳게 믿고 있는 처제에게 가장 미안한 일이었다.

다른 산부인과 의사들은 어떨지 모르겠지만 나에게 가장 큰 스트레스는 자연분만이다. 자연분만은 언제 진통이 걸릴지 모른다는 것이 첫째 이유다. 그래서 산모가 분만 예정일이 가까워오면 항상 준비상태로 긴장을 하고 있어야 한다. 또 진통을 겪는 시간이 산모마다 일정하지 않아 몇 시간, 혹은 며칠이 걸리기도 한다는 것이다. 그 사이에 이전까지 아무 문제도 없던 아기가 태아 곤란증에 빠져 상태가 안 좋아지는 경우도 비일비재했다.

'처제가 우리 병원에서 출산을 하겠다고 나설 때부터 말려야 했어.'

사실이 그랬다. 대개 의사들은 가족이나 친한 친구의 분만이나, 수술에 참여하기 꺼린다. 잘 돼야 본전이라는 얄팍한 세상 물정도 있지만 사실은 부담감 때문이다. 냉철한 판단과 신속한 처치를 해야 할 순간에 어떤 인간적인 감정에 휩싸이다 보면 자칫 판단력이 흐려질 수 있었다.

종합병원의 중환자실 간호사로 일하던 처제는 서른이 넘도록 결혼할 생각을 하지 않았다. 장인, 장모의 한숨 섞인 걱정에는 빙그레 웃기만 했고, 줄줄이 셋씩이나 되는 언니들의 짜증 어린 성화에도 묵묵히 자기 일만 했다. 결국 차례가 바뀌어 막내 처제가 먼저 시집을 가고 나서도 처제는 결혼에 대해서는 도통한 사람 같았다. 소 닭 쳐다보는 듯한 무관심, 그 자체였다. 계절이 바뀌어 서로의 안부가 궁금해질 때면 캐나다로 이민을 가겠다는 둥 아프리카 오지로 선교 여행을 떠나겠다는 둥 생각지도 못한 말로 사람들의 관심을 일거에 집중시키는 비상한 재주를 발휘하며, 처제는 그렇게 나이만 먹어 가나 싶었다.

그러다 어느 날 갑자기, 처제가 결혼을 선언했다. 사랑하는 사람이 생겼다고, 이 나이에 이렇게 가슴 떨리는 사랑을 하게 될지 몰랐다며 지금의 동서를 소개시켰다. 동서에게는 미안한 말이지만, 당시 동서는 처제의 배필 감이 아니었다. 나이도 2살이나 어렸고, 직업이 꽤 유명한 선교단체의 선교사라는데 수입이라고 해봐야 간호사로서 경력이 10년 가까이 되었던 처제가 버는 것에 비하면 5분의 1도 되지 않았다. 어떻게 살림을 꾸려가겠냐는 질문에 처제가 돈을 벌어오고 자신은 선교사업을 계속하겠다고 태연자약하게 말하는 바람에 동서는 '도둑놈 심보'라는 별명까지 얻었다. 남자 보는 눈이 그토록 고상하고 지고했다는 처제의 눈에 돼지비계처럼 두꺼운 콩 꺼풀이 어떻게 덮였는지는 모르지만, 처제의 결혼은 반대에 부딪히게 되었다.

"과장님, 아무래도 수술실에 연락을 해 놓아야겠는데요."

출산을 도와주던 레지던트 김 선생이었다. 김 선생이 제대로 판단을 하고 있었다. 진행이 너무 느렸기 때문에 응급상황이 생기면 한시라도 빨리 대응을 할 수 있을 것이었다.

"처제, 이제 마지막이야. 이번에도 아기가 나오지 않으면 그땐 수술할 수밖에 없어."

일단 그렇게 말을 하자 나는 마지막이라는 단어가 주는 어떤 비장감에 어깨가 무거웠다. 그때도 그랬다. 내가 장인의 부탁으로 처갓집에 내려갔을 때, 처제는 외롭고 또 비장한 모습이었다. 처제가 그런 말을 했던가?

"사랑이란 사람의 생각만으로 되는 게 아닌 것 같아요."

자신도 자기가 하려는 결혼이 평범하지는 않다는 것을 잘 알고 있단다. 그러나 자기는 사랑을 알게 됐다고, 그러므로 지금 겪고 있는 조그만 난관이 결국은 아름다운 추억이 될 수 있을 거라고, 처제는 자수정처럼 영롱히 빛나는 눈물을 보였다. 그때 나는 처제에게 감동했다. 아니 그 반짝이는 사랑에 감복하고 말았다. 결국 결혼을 뜯어말리려던 나는 그만 결혼을 동조하고 지원해주는 입장이 됐다.

"김 선생, 안되겠네. 좀 눌러줘야겠어."

산모가 제대로 힘을 주지 못해서 아기가 산도에 걸려 고생하게 되면 산모의 복부를 눌러서 출산의 추진력을 얻기도 한다. 그러다가 자궁 파열이나 태반 박리 등 무서운 합병증이 생길 수도 있지만 지금은 그런 것을 따질 상황이 아니었다. 김 선생이 처제의 배를 눌러대기 시작했다. 이쯤이 되면 그야말로 힘으로 눌러서 출산을 하던가, 아니면 수술실로 들어가 제왕절개를 하든가 양자택일이 남은 것이다.

나는 일단 무영등(無影燈)을 껐다. 아기가 처음 세상을 바라볼 때 가뜩이나 놀란 아이 눈에 강력한 불빛이 좋을 리 없다. 그래서 나는 아기의 머리가 만출되는 순간, 모든 조명을 없애버린다. 처음에는 어색하고 불편했지만 이제는 익숙해졌다. 그러나 처제의 경우에는 조금 다른 것이었다. 아기에게 스트레스를 주지 않으려는 생각도 있었지만, 사실은 진행이 제대로 되지 않아 배를 눌러야만 하는 상황을 보기 싫었다.

처제는 비명소리도 지르지 못하고 아파하기만 한다. 누르는 사람의 거친 숨소리와 눌리는 사람의 힘겨운 신음만이 분만실에 들어차고 있었다. 나는 기도라도 하고 싶은 심정이었다. 처제, 눌러주는 사람과 호흡을 같이 맞추어야 해. 조금만 힘내, 힘내라고.

내 기도는 의미를 갖춘 소리로 채 만들어지지 않고 그저 한숨으로 흘러나왔다. 내가 그렇게 간절히 무엇을 원했던 적이 몇 번이나 있었던가.

그런데 이게 웬일인가, 기도가 채 끝나기도 전에 머리가 산도를 통해 밀려나왔다. 아, 하나님! 저 가슴 깊은 곳에서 무엇인가에 감사드리고 싶었다. 문득 눈시울이 뜨거워졌다.

머리, 눈, 입이 나왔다. 어깨가, 배가, 다리가 나오면시 그 동안의 불안과 흥분이 빠져나왔다. 아기가 나오고 있었다. 이 세상을 향해, 처제가 자신의 생명과도 바꿀 수 없을 것이라던 아기가 탄생했다. 3.4킬로그램의 건강한 아기가 세상에서의 첫 호흡을 시작했다. 그리고 힘차게 울기 시작했다. 얼굴이 새빨갛게 되어서 입을 팔자로 벌리고 우는 모습이 처제를 빼 닮았다. 우리네 삶의 감춰진 비밀 하나가 다시금 모습을 드러내는 순간이었다.

나는 동서에게 탯줄을 잘라 달라고 부탁했다. 동서는 떨리는 손길로 탯줄을 자름으로써 아기를 이 세상에 던져 놓는다. 그리고 역시 선교사답게 산모와 아기의 머리맡에서 기도를 시작한다. 동서의 기도는 자못 엄숙하다.

나는 처제 품으로 아기를 옮기고 아기를 위해 좋은 말을 해주라고 부탁한다. 태어나서 처음으로 모녀 상봉을 하게 됐는데 무언가 의미 있는 말을 해주라고. 산부인과 의사로서 나는 분만할 때마다 항상 그런 말을 하곤 한다. 산모는, 혹은 아빠는 그 동안 준비한 말을 감격에 겨워 말하곤 한다. 행복해라, 베풀면서 살아라, 인생의 멋을 누릴 수 있는 사람이 되어라….

그들의 말은 어쩌면 그렇게도 예쁘고 멋진지. 그들의 말속에서 나는 감동을 받곤 한다. 그러나 처제는 어떤 말도 하지 못한다. 그녀는 기도도 할 수 없는 듯하다. 담담한 표정으로 아기를 바라보기만 한다, 회한과 감동이 교차하는 만감 어린 눈빛으로.

반대하는 결혼을 하기 위해 속상했던 일, 임신 초기의 그 혹독했던 입덧하며, 태아의 발길질에 아파서 눈물이 찔끔 나오다가도 어느새 다정스런 다독거림으로 느껴지던 태동, 무엇보다 사랑을 키워 가는 뿌듯한 성취감으로 지내왔던 지난날이 가슴속에서 소용돌이치고 있었으리라.

아기에게는 인생의 첫 페이지인데 기억에 남을 덕담을 해 달라고, 나는 다시 한번 재촉한다. 그제야 처제는 쉬어서 제대로 들리지도 않는 목소리로 간신히 말한다.

"아가, 건강해야 돼. 아가, 사랑해."

처제의 말은 인류가 존재하는 한 앞으로도 영원히 계속될 출산이라는 아름다운 고통이 존재하는 이유이기도 한 것이다. 또한 내가 산부인과 의사로서 이 일을 계속 할 수 있는 힘이다. 사랑해…. 처제는 말을 채 마치지도 못하고 눈물을 흘린다. 그 옛날에 보았던 자수정처럼 빛나던 바로 그 눈물방울이다.

글쓴이 박종두는 39세의 산부인과 전문의로, 현재 성애병원 산부인과 과장으로 재직중이다. 그는 수상소감에서 "산부인과 의사로서 분만을 도울 때마다 느끼는 것은 인간과 생명의 위대함입니다. 단말마의 비명으로 출산을 마친 산모가 흘리는 땀과 눈물, 그리고 죽음과도 같은 고통을 이겨내고 그 꼬물거리는(!) 아기가 産道를 통과하는 모습은 나에게 敬畏를 가르칩니다. 내가 산부인과를 평생의 업으로 선택한 이유일 것입니다."라고 썼다.

동전 한 닢의 진실

나는 65세 이상의 환자는 무료로 진료하고 그 외는 500원 동전 하나를 받는 시골 보건지소에 근무하는 공중보건의사다. 어느새 내가 공중보건의사로 근무한 지도 2년째로 접어든다. 내 근무지는 그리 작지 않은 읍 단위여서, 근처에서 그 흔한 전원 풍경을 찾아보기가 쉽지 않다. 읍사무소 옆으로 터미널이 지척에 있고 서울까지는 한 시간 남짓한, 지방 소도시 같은 느낌마저 나는, 이를테면 그리 시골답지 않은 시골이라 할 수 있다.

그럼에도 불구하고 지소를 내왕하는 시골 노인들의 생활상이나 그 생각들은 내가 상상했던 산간벽지의 노인들과 별반 다르지가 않았다. 내가 보건지소에 근무하게 될 때쯤, 의약분업이 시행됐다. 하루 수십 명에서 백여 명에 이르던 내원 환자 대부분은 의약분업 이후 약을 약국에서 구입해야 되면서부터 의원으로 빠져나갔다. 그래서 예전의 몇 분의 일도 안 되는 환자를 맞으며 무료하다 느낄 정도의 여유를 갖고 하루하루를 보내고 있다. 한편으로는 그 여유로 인해 환자들의 세세한 면모까지 돌볼 수 있게 된 것이 꽤 다행이라 느끼고도 있다.

하지만 그런 사정에도 불구하고 꾸준히 지소를 이용하는 환자들이 있다. 그들은 대개 병·의원보다는 보건소를 편안하게 생각하는 시골 노인들이다. 더러는 한 달에 6천 원 혹은 8천 원쯤 드는 당신들의 약값이 부담스럽다고 은근히 억지를 부리며 하소연하는 이도 있다. 내가 어찌 할 수 없는 일이라고, 그 문제는 이러 이러한 사정 때문이라고 꼬치꼬치 설명을 해도 어떤 분들은 막무가내다. 이 시작도 끝도 없는 대화를 대강 끝내려 하면, 당사자들은 누구를 향한 것인지 모를 한숨을 내짓곤 했다.

처음 나는 그 한숨의 의미를 잘 몰랐던 모양이다. 아니 이해하기 귀찮았다고 말하는 것이 맞겠다. 언제부턴가는 거의 정형화된 한 가지 논리로, 같은 상황을 마주할 때마다 그분들에게 설명해 주곤 했다.

"할머니, 그래도 한 달에 6천원 들여서 병 안 걸리고 건강하게 오래오래 사시면 그게 어딥니까? 나중에 혈압 높아 쓰러지시면 몇십만원, 아니 몇백만원 들어갈 치료비에, 자제분들 맘고생까지⋯. 그러니 미리 미리 대비하는 게 모두에게 좋은 일 아닙니까?"

노인들이 적잖이 든다고 여기는 약값을 스스로 합리화할 수 있는 이유를 그렇게 알려 드린다.

처음 얼마 동안 나에겐 그분들의 궁색한 변명과 가엾은 인생에 대한 묘한 반감도 없지 않았던 같다. 어느 순간 할아버지, 할머니의 주절주절 신세한탄에 벌써 무감해진, 그래서 한 귀로 흘려듣고 있는 나를 발견할 수 있었다.

올 봄, 같은 군(郡)에 근무하는 공중보건의사들의 회식에서였다. 화제를 이것저것 옮기다가 시골노인들의 이런 모습이 주제가 되었고, 참석한 선생님들은 앞을 다퉈 자기 경험을 피력했다.

한 선생님이 자기는 가급적 비싼 약을 처방하지 않는다고 했다. 자기가 겪은, 시골 보건지소를 찾는 이런저런 노인네들의 경제 형편을 고려할라치면, 비싼 약을 쓰는 것이 그들에게 너무 부담스럽지 않겠느냐는 것이 그 이유였다.

그 설명은 내게 적잖은 충격을 주었다. 같이 모인 선생님들 역시 수긍하는 표정이었다. 대학 때 배운 대로, 효능이 입증된 고가(高價)약을 쓰는 데 익숙했던 내게 일말의 반성마저 안겨주는 경험담이었다. 그날 이후 나는 환자들의 사정보다 내 지식과 논리로 그들의 곤궁함을 재단(裁斷)하지는 않았던가, 스스로 묻게 되었다.

내겐 술집에서 마시는 맥주 몇 잔 값인 그 몇천원이, 나를 찾는 몇몇 이에겐 요모조모 이로운 쌈짓돈이자 목돈이라는 생각을 갖게 됐다. 물론 그 후로도 값싼 약보다는 안전하게 혈압을 조절할 수 있는 약을 선호하는 내 처방 원칙이 크게 변하진 않았지만, 처방전을 쓰다가 종종 노인들에게 약값을 얼마 지불하느냐고 넌지시 묻는 습관이 생겼다. 그럴라치면 덤덤히 넘기는 분도 있지만 본격적으로 신세타령에 들어가는 노인분도 있게 마련이다.

'혈압약 값이 한 달에 7천 원이니 너무 비싸서 매일 먹기가 겁난다' 부터 '힘든 형편에 비싼 약 사먹기가 아들에게 죄스럽다'는 노인네의 눈물겨운 자식 생각까지, 그 사정은 각양각색이다. 더러는 보건소에서 공짜로 타서 먹던 예전이 좋았다는 성화까지 내며, 은근히 바뀐 제도 탓을 하는 분들도 있다.

이제는 노인 제각각의 사정을 배려할 여유가 생겼다고나 할까. 알맞게 설명과 응대를 해드리고 나면 그분들의 쌓였던 불편한 심기도 어느 정도 누그러지는 모습을 보게 되고, 예전에 미처 몰랐던 묘한 보람마저 느끼게 됐다.

추적추적 비 내리던 어느 여름 날 오후, 초등학교 고학년쯤으로 보이는 꼬마 하나가 비에 젖은 채 진료실로 들어섰다. 그리고 김점분 할머니의 진료차트를 가지고 와서 앉는다. 김 할머니는, 익히 아는, 심한 관절염으로 거의 기다시피 다니시는 분이다. 여기 오실 때면 지팡이에 몸을 겨우 의지해 걸음을 힘겹게 옮기는 모습이 위태롭기까지 했다. 할머니는 물리치료 받으시느라 자주 지소를 들렀다. 간혹 먼발치서 방죽 길에 퍼져 앉은 할머니를 볼 때면 그 표정과 모습에서 지탱하기 힘든 고단함과 힘겨움을 느끼곤 했다. 왜 할머니가 안 오시고 네가 오느냐고 물으며 차트를 살펴보니, 혈압약이 떨어진 지 벌써 오래였다.

부작용으로 약을 바꾸고서 첫 내원일에 진찰 받아야 할 환자 본인이 오지 않으니 난감했다. 소년의 말로는 비가 오는 날은 관절 통증이 심해져 정말로 꼼짝을 할 수가 없다는 것이다.

왕진가방을 들고 손자를 앞세웠다. 소년이 타고 온 자전거는 접지도 못하고 크기도 차에 실을 수 없을 만큼 커서, 소년이 비를 맞으며 자전거로 안내하고 나는 차를 타고 자전거의 뒤를 쫓았다.

근처 약국에서 처방전을 들고 간 손자가 금세 약을 챙겨 나왔다. 비가 오는 길을 꼬마 녀석은 자전거로 요리조리 잘 빠져나갔다. 괜히 차를 타고 왔다 싶게 할머니의 집은 지소에서 멀지 않은 근처였다. 읍사무소 근처 허름한 4층 아파트였다. 들은 대로 할머니는 꼼짝도 못한 채 자리에 누워 계셨다. 몸을 가누기가 고통스러웠는지 내가 온 것을 보고 몸을 일으키고도 우두커니 앉아만 있다.

혈압을 재고 부작용이 없는지를 물어 처방을 해주고 나왔다. 집에 돌아와 직원들과 이런 저런 이야기를 하다보니, 할머니는 그 집에서 구박덩어리란다. 저렇게 몇 년을 꼼짝 못하고 누워서 자꾸 죽는다, 아프다 하니 천덕꾸러기가 안 될 수 없다는 것이 그 속사정이었다.

얼마 전 그 집으로 전화를 했을 때, 도무지 할머니 일에는 관심이 없다 느껴지던 며느리쯤 되는 사람의 거친 어투가 떠올라 마음이 편치 않았다.

할머니 이야기를 하던 직원이 옆에서 한마디 더 거든다.

"늙으면 자기 몸 건사할 돈은 있어야 한다니까요."

며칠 후 김점분 할머니가 물리치료를 받으러 왔다.

"좀 괜찮으세요?"

이렇게 묻는 것 외엔 지치고 쇠락한 한 노파에게 해줄 것이 없었다.

오십쯤 되는 조한남 씨는 나이에 비해 얼굴이 젊다. 언뜻 사연을 듣자하니 젊은 시절 두 집 살림을 하며 혈기방장한 한량으로 살았다는, 시골 마을이라면 꼭 한둘씩 있는 그런 이다.

헌데 조강지처를 버린 업보일까, 말년에 중풍을 얻어 지금은 수족을 움직이는 것이 부자유스럽다. 제멋대로 팔다리를 놀리며 진료실에 접어들 때면 어째 안쓰러운 생각이 들었다. 그런 사정 때문에 가끔 조한남 씨 집으로 왕진을 가곤 했다. 그의 집까지는 험한 비포장 산비탈 길

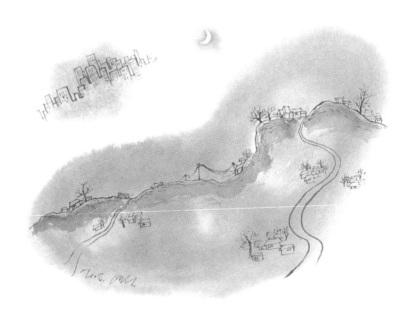

이 몇 km가 이어져 있어, 사고 나겠다 싶게 아찔한 적이 한두 번이 아니었다.

그 길로 버스가 하루 두 번 오간다고 하지만 그 차시간이란 게 뻔히 정해져 있다. 그러니 그이에게 보건지소로 진료 받으러 오는 일이란 예사 큰일이 아닐 수 없다. 어느 날 아침에 출근해 보니 조한남 씨 진료기록부가 책상에 덩그러니 놓여 있다. 전날 학술집담회 참석 때문에 출타했을 때, 혼자 와서 혈압만 재고 처방전을 받지 못한 채 돌아갔다는 것이다. 약이 떨어질 때도 됐고 환자 상태가 걱정되기도 하고, 또 한편으로는 그 불편한 몸으로 왔다가 허탕치고 갔을 생각을 하니 안타깝기도 해서, 오후 경에 방문 진료를 나섰다.

나가는 길에 일주일치라도 약을 가져가려고 근처 약국을 들렀다. 처방전을 보여주고 돈을 내려고 하자, 약사가 한사코 만류한다. 그이 약값 밀린 게 하루 이틀이 아니니, 일주일치쯤이라면 그냥 가져가도 더해 달아놓으면 된다는 설명이다. 그날 나는 시골 약국에는 외상이 있다는 것을 알았고, 어려운 이들 형편을 생각해 외상까지 달아두는 시골약국의 훈훈한 인정에 감동 받게 되었고, 한편으로는 그래도 그렇지 약값을 외상 달고 다니나 싶어 조한남 씨의 궁상맞은 형편에 절로 손사래가 쳐졌다.

그날 오후 역시, 지금은 아스팔트로 포장이 깔끔히 돼버려 예전 시골

길 운치가 완연히 사라진, 울퉁불퉁하고 위태위태한 흙밭길을 달려 조한남 씨가 사는 마을에 도착했다. 마을이라고 하지만, 십 수 가구가 옹기종기 모여 사는, 퍽 자그만 동네였다. 파리가 덕지덕지 콧잔등과 얼굴에 앉은 개 몇 마리가 컹컹대며 손님 환대를 빽적지근하게 하는 사이, 나는 얼른 조한남 씨 집안으로 들어섰다. 그래도 집까지 찾은 보건지소장이 반가웠는지 얼굴에 함박웃음을 짓는다. 혈압을 재니 당신의 집에서 재서 그런지 지소에서 잴 때와 달리 그 수치가 사뭇 안정돼 있다. 아무래도 불편한 몸으로 헐레벌떡 들어선 사람의 혈압과는 비교될 수밖에 없을 것이라는 생각이 들었다. '괜찮으시네요' 하며 약을 건네고 돌아서 나왔다.

이젠 TV 드라마에나 나올 법한, 낮고 옹색한 그 집 천장과 어두컴컴한 방안 정경 위로 어릴 적 살던 다락방 달린 작은 기와집이 겹쳐졌다. 어린 가슴으로도 항상 푸근히 느끼던 이웃간의 따뜻한 인정이 입가에 미소로 떠올랐다. 그래도 사람의 정이란 것이 이런 것이겠구나 느끼며, 나를 보며 멋쩍게 웃는 조한남 씨를 보며 나 역시 어린 시절의, 그리고 이 시대의 인정에 힘입어 미소를 지은 채 지소로 향했다.

커피 한잔에 3~4천원, 간단한 식사 한 끼가 5~6천원 하는 요즘에, 보건지소를 찾는 환자들에게서 발견하는, 한 달치 생명과 건강을 보장 해줄, 그래서 어쩌면 목숨 값인 그 몇천원이 아까워 안달복달하는 모습은 내게 이해할 수 없는 것이었는지 모른다. 그래서 더욱 마을에 든 약장수가 떠들어대는 몇만원 어치, 몇십만원 어치 엉터리 약을 샀다는 노인네들 이야기를 들을라치면 그 현명치 못함에 큰 한숨이 지어지곤 했다.

하지만 우리는 혹 세상의 흔하디 흔한 기준이 모든 이에게 고루 미치지는 않는다는 평범한 사실을 잊고 있지 않은가? 5백원을 아끼려 몇 리길을 아픈 다리를 이끌고 질퍽질퍽 걸어오는 시골 노인들에게 우리가 가진 뻔한 생활의 관념으로 합리적이다, 비합리적이다 잣대를 들이대는 것은 어쩌면 잔인한 일일지 모른다. 설사 우리가 2002년 월드컵이 개최된 풍요로운 한국에 산다 하더라도, 이 나라 변두리 어디쯤에는 보릿고개를 갓 벗어난 심정으로 삼 시 세끼 먹을 수 있는 처지라도 감사하고, 동전 하나 쓰는 일에도 손을 벌벌 떠는 사람들이 존재한다는 것을 잊어선 안 될 일이다.

짧은 기간이었지만 세상의 좀더 변두리라 할 이 곳으로 와서, 도시의 번듯한 휘황찬란함에서는 미처 드러나지 않던 생활 저 밑에 놓여진 그 하나 하나의 사람들을, 그 체취를 경험하며, 이제는 그들의 속사정까지 헤아릴 마음의 여유를 갖게 됐다. 사람들마다 삶의 주름은 간단치 않다는 진실을, 그 구체적인 개인의 진실을 이해하려고 애쓰게 되었다. 아니 어쩌면 한동안 잊었던 순수한 마음을 다시 찾았다고나 할까. 모든 이의 모든 인생 각각이 예사롭지 않다는 명백한 진실 앞에서, 지금 이 나이에 다시 찾아든 사춘기, 데미안, 그 알에서 깨어나는 느낌에 쑥스러워 몸을 숙일 필요가 없을 거라고, 그리고 오늘 500원 짜리 진찰을 받으러 지소 문을 들어서는 저들의 눈빛과 삶의 애환을 진심에서 이해해야겠다고 다시 한번 마음을 다잡아 본다. 훗날 그네들이야말로 내 인생의 훌륭한 스승으로 기억될 것이라는 한줄기 생각이 선연하게 뇌리를 스친다.

글쓴이 박민수는 34세의 가정의학전문의로 현재 충북 음성군 금왕읍보건지소에서 공중보건의사로 일하고 있다. 도시를 떠나 순박한 자연을 배우고 있는 그는 수상소감에서 '한 사람의 의사이기에 앞서 같은 시대를 호흡하는 이웃으로서 이 땅의 사람들과 어깨동무하고 한 걸음 한 걸음 걸어가렵니다.' 라고 썼다.

애 흔(愛痕) 수 술

'一心 朴○○'

국부에 이렇게 새겨진 문신을 지우기 위해 찾아온 묘령의 여인이 있었다. 으레 있어야 할 문진(問診)도 생략한 채 수술에 필요한 절차를 일러줄 즈음, 그녀는 멋쩍은 표정으로 제풀에 문제의 흔적에 대한 내력을 대충대충 엮어대는 것이었다.

"한 삼 년 전쯤 됐나 봐요. 그렇게 된 게요. 그 사람이 하도 고집을 부리기도 했지만 저도 그때만 해도 철이 없었어요. 그런데 곧 어떤 사람과 약혼하게 됐어요. 그래서 왔어요. 잘 좀 부탁합니다."

차라리 측은한 이 아름다운 처녀(?)의 호소를 들으며, 삼 년 전 이들이 은밀한 처소에서 벌렸을 애흔의식(愛痕儀式) 정경이 아스라이 떠올

223

랐다.

자침(刺針)에 먹을 묻혀 자학의 피를 낸 그 핏구멍에 애정이 영원하기를 기구하며 열심히 입묵(入墨)했을 남자와 아픔을 참으며 마조히즘적 미학에 몰입했을 여인의 모습이 뿌연 안개 속 그림자처럼 뇌리를 스치는 것이었다.

어쨌거나 나는 다소 외설스러운 이 어처구니없는 수술에 임했고, 이제는 여인의 마음에서 추방된 박 아무개의 잔영을 말끔히 지워주는 일에 단단히 한몫 했다.

'가엾은 박 아무개, 그대는 아는가? 여인의 마음을 …. 그러나 여인을 안다 함은 더욱 거짓말인 것을.'

수술을 끝낸 후 나는 이런 푸념 같은 독백을 읊조리며 잠시 사념에 빠졌다. 얼마 전 신문에 호주의 어떤 청년이 자기 손가락에 새겨진 문신이 죄의 흔적이라 하여 도끼로 싹둑 잘라 버린 것을 서둘러 병원에 데리고 가 미세수술로 붙여주었다는 기사가 난 적이 있었지만, 동서고금을 막론하고 문신에 얽힌 이야기는 심심지 않다.

기억에도 새로운 흘러간 영화 'Rose Tattoo'는 그 감미로운 음악과 더불어 한때는 문신을 미화하는 풍조를 남기기도 했지만, 해방 후 GI들이 양공주에게 숱하게 남기고 간 사랑의 상처는 특히 'Heart and Arrow'가 이중, 삼중으로 자각(刺刻)되는 해프닝으로 연출되기도 했다. 조선사(朝鮮史)의 요화 어우동의 팔뚝에는 숱한 간부 중 그녀가 더욱 사랑한 사나이 이름 5, 6개가 선명하게 입묵돼 있었다던가? 이러한 애정문신을 '연비(聯臂)'라 하여 옛날 기방 습속에 적지 않은 화제를 남겼던 모양이다. 그런가 하면 옛날 우리 나라 아녀자 중에는 눈물을 흘리며 출정하는 남편의 등을 쪼아 입묵하여 그 피는 속옷에 받아두어 낭군의 추억으로 남기고 혹여 전사자 중 낭군을 찾는 비표로 삼고자 했다니 그 비장한 '연비의식'이야말로 경건하기조차 하다.

못난 여인도 사랑할 줄 안다는 옛 은어에 '솥바닥 긁는다'는 표현이 있는데 그 내력이 재미있다. 즉 입묵에 쓰는 검정은 먹을 쓰는 것이 보통이나 때로 솥바닥 검댕을 긁어내 물에 짓이겨 쓰기에 '솥바닥 검댕을 긁어낸다' 함은 애흔을 만들기 위함이요, 애흔을 만드는 것은 애오라지 연인이 생겼다는 뜻이 아니겠는가?

어느 고장에서는 솥바닥 검댕을 인유(人乳)로 짓이겨 입묵하는 풍습도 있다 하는데 이는 젖이 상징하는 다산번식의 주술에서 비롯된 것이라는 이론이 그럴듯하다.

연인의 정액에 솥바닥 검댕을 짓이겨 국부에 입묵하는 외설스러운 애정연비도 있음직하다고 여기지만 이는 어디까지나 호사가의 경망작희(輕妄作戱)라 해두자.

형벌로서 이용한 자자(刺字) 습속에 문신형(文身刑)을 가하여 죽을 때까지 그 죄명을 새겨 다니게 한 조선의 관제 풍습이 있었다고 전한다. 예컨대 관군(官軍)의 관물이나 관전(官錢)을 훔쳤으면 '도관전(盜官錢)', 백주에 날치기한 자에겐 '창탈(奪)', 소도둑에겐 '재우마(宰牛馬)', 장물아비에게는 '와주(窩主)'라 새겼다고 한다. 근자에 경찰 예비검속 때 문신한 젊은이들이 거의 예외 없이 검속대상이 되는 것과 묘한 일치를 보여 흥미롭다.

병원 응급실 같은 데서 심심찮게 목격되는 일이지만 난동을 부리고 혈기를 부리는 환자나 보호자 중 많은 수에서 문신이나 자해상을 볼 수 있어 문신이 우리에게 주는 살벌한 인상은 어쩔 수 없는 거부감을 불러 일으킨다.

또 다른 주술적으로 기인한 문신 습속으로 난산하는 여인의 발바닥에 하늘 천(天)자를 문신해 안산(安産)을 비는 평북지방의 기속이 있는가 하면, 고질적 치질에는 부친의 이름을 거꾸로 새기는 전남지방 풍습도 있어 이채롭다.

'빠삐용'이란 영화에서 주인공 가슴에 새겨진 나비 문신은, 지금은 고인이 된 주인공의 생에 대한 불굴의 의지와 함께 깊은 인상으로 남는 추억의 한 장면이기도 하다. 그러나 근자에는 문신이 주는 그로테스크한 분위기와 자학의 흔적이 주는 강한 거부감으로 입묵 풍조가 사라지는 듯하다. 앞서 말한 애흔 수술 치험례도 앞으로는 희귀한 증례로 남게 되지 않을까 싶다.

그런데 최근 이러한 시세에 아랑곳없이 미용 방편으로 문신이 애용되고 있다니 이 또한 아연실색 실소를 금할 길 없다. 즉, 눈썹을 그려 입묵한다거나 아이라인을 영구히 입묵하기도 하니 여인의 끝없는 집념에 혀를 내두를 수밖에 없다.

애흔으로서의 문신, 주술적 의미의 문신, 형벌로서의 문신, 전사적 의미의 문신, 그리고 미용으로서의 문신. 다음 세대엔 또 어떤 모양의 문신이 변형, 유지, 발전될 것인가. 필자 감히 상상할 길 없다.

글쓴이 이병화는 65세의 외과 전문의다. 최근까지 지방공사 인천의료원 원장을 지냈으며, 현재는 새로운 의료법인 개설을 준비중이다. 그는 수상소감에 "의학이 내가 종사해야 할 본령이라면, 문학은 때때로 쉬어갈 휴식처 같은 것이 아닐까 생각해 본다. 두 가지는 인간과 인간성의 탐구라는 한 뿌리로 귀착된다. 그것은 앞으로도 쉬지 않고 계속 추구해야 할 또 다른 과제임을 새삼스레 느낀다."고 썼다.

만남

아침저녁으로 바람이 제법 차갑게 느껴지더니, 전기난로를 켜고 원장실 침대에서 잠을 청했건만 문틈으로 들어오는 새벽 공기가 단잠을 깨우고야 말았다.

"원장님, 아침식사 하셔야죠."

주방 아주머니의 목소리는 고등학교 시절 아침 자율학습시간에 늦지 않도록 새벽밥을 지어 주시던 어머니의 목소리를 연상시키곤 한다. 샤워를 하기 위해 이층 병실에 있는 샤워장으로 가서 뜨거운 물을 틀고 나서야 난 또다시 나의 기억력을 탓하면서 잠시 멍하니 있을 수밖에 없었다.

'어떻게 하루도 빠뜨리지 않는 적이 없을까?'

내 목욕가방에는 속옷, 수건, 칫솔, 면도기 이렇게 네 가지의 물건 밖에 준비할 것이 없지만, 병원에서 숙직을 하고 일어나는 아침마다 이틀이 멀다하고 한두 개를 빠뜨리는 것이다. 그것도 꼭 샤워준비가 끝나고 부모님이 물려주신 자연의 복장으로 그 사실을 알게 된다.

'다시 나갈 수도 없고 누굴 불러 도움을 청하다가 행여 엉뚱한 인물이 달려오면 무슨 망신이지?'

어쩔 수 없이 준비된 부분만 처리하고 면도나 칫솔질은 원장실로 와서 짬을 내서 할 수밖에 없다. 이러기를 얼마간, 난 신기한 것을 하나 발견하게 된다. 병동 샤워장에는 커다란 물통이 하나 있는데, 난 샤워기로 목욕하는 것보다 물통에서 뜨거운 물을 바가지로 떠서 머리도 감고 물을 몸에 두어 바가지쯤 붓는 게 기분이 좋다. 그런데 나의 부주의한 기억력에도 불구하고 물바가지는 항상 선반 위 같은 자리에 예쁘게 앉아 있다는 것을 알아차린 것이다.

'어라? 이 바가지는 하루도 빠지지 않고 이 자리에서 나를 기다리고 있네. 도대체 누가 이렇게 친절하고 꼼꼼하게 목욕탕 정리 정돈을 하는 것이지?'

한번도 나를 실망시키지 않고 내가 칫솔이나 면도기 혹은 수건을 빠뜨린 날도 어김없이 물바가지가 자기 자리에서 나를 기다려 주는 것을 보며, 점점 그것을 정리하고 준비해준 사람에 대해 고마움을 느끼기 시작했다. 내가 내 기억력을 불신하는 것만큼 물바가지를 준비해 주는 이에게 감사와 경탄의 맘이 붙어나게 되는 것이다.

'건강도 좋지 않으신 어머니가 이렇게 매일 병실 목욕탕까지 챙긴단 말인가? 아니면 어머니만큼 꼼꼼하면서 누님같이 느껴지는 수간호사가 이렇게 매일 챙겨놓는 것인가? 누군지 모르지만 참 고마운 일이야.'

이렇게 생각하면서 난 샤워를 계속하곤 했다. 그런데 얼마 지나지 않아 내 마음엔 의문이 점점 일어났다.

'어머니가 그러셨다면 어머니가 병원에 오시지 않은 날은 어떻게 물바가지가 선반 위에 올라가 있지?'

차츰 내 맘속에서는 고마움과 함께 의문과 추측이 커져가고 있었다. 땀을 많이 흘리게 되는 날은 아침에 목욕을 하고 진료를 시작해도 오후나 저녁나절에 다시 한번 샤워를 하게 될 때도 있다. 그럴 때도 역시 물바가지가 가지런히 앉아 있었던 것이다.

'수간호사는 같은 대학 출신이고 학번이 나보다 두 해나 빠르니 선배인 셈이고 성격이 꼼꼼하고 꽤나 강박적이고 빈틈이 없는 사람이다. 그렇지만 그녀가 이렇게까지 물바가지를 철저하게 챙길 수가 있을까? 다른 직원들 중에서도 추측하기가

어렵다.'

맘속에는 이렇게 고마운 사람에 대해서 풀리지 않는 의문이 커져만 가고 있었다.

J라는 환자가 있었다. 고향은 서울이었고 진단은 만성 정신분열증이었다. 지금부터 5년 전, 내가 처음 전문의가 되어 지방의료기관에서 공중보건의사로서 일할 때 처음 J를 만났다. 그 때 그는 몇 년간을 침대에 누워 지내고 있었고 의사나 다른 치료팀과는 전혀 어울리지 않았다. 아침이면 J는 세수도 하지 않는다. 식사도 먹는 둥 마는 둥이고, 투약시간에 간호사가 인사를 건네도 회진하러 가서 내가 말을 건네도 묵묵부답이다. 머리는 까치집에, 담배를 많이 피워 손톱은 하얗게 인이 박힌 모습이다. J는 의사인 나에게 많은 좌절감과 무력감을 안겨주곤 했다.

'어떻게 저렇게 퇴행이 심할 수가 있을까? J는 무슨 생각과 느낌을 가지고 사는 걸까?'

주치의 이전에 같은 인간으로서, 나는 많은 안타까움에 직면해야만 했다.

"어제 병동 찬양을 보고 온 소감이 어땠나요?"

질문을 하면 J는 크고 슬픈 눈만 더 크게 뜨고 아무런 대꾸도 않는다. 처음에는 지방 정신병원에서 환자에게 무관심한 보호자들을 탓하고 환자를 감정적으로 동정하는 시간도 있었다. 그러다가 시간이 1~2년 지나면 보호자들의 심정도 어느 정도는 이해하게 되는 자신을 보며 혼란스러워 하기도 한다. 환자의 생활을 가까이 지켜보면서 무엇이 정상이고 무엇이 병리적인 것인지 헷갈린다. 그리고 사회는 어느 정도까지 병리적인 것을 수용하고 환자가 요구할 수 있는 권리는 어디까지인지, 모든 것이 참으로 쉽게 정의되지 않는다. 엄정한 현실과 불확실성이 우리 앞에 있다는 것을 인식하게 된다. J는 나름대로는 자신과 세상에 대한 아무런 오염이나 가해 없이 하나의 해석을 형성하고 있다. 오히려 의사인 내가 그에게 요구하는 일상의 규칙과 요구가 J에게는 상당히 강박적이고 일방적인 주장이 될 수도 있다는 것을 훨씬 많은 시간이 지난 후에야 깨닫게 됐다.

그로부터 2년의 시간이 흐른 후 나는 개원했다. 개원 후 J는 우리 병원으로 진료를 받으러 오게 됐고 몇 차례 입원을 반복했다. J를 처음 만났던 병원에 비해 내가 운영하는 병동은 아주 조그맣다. 이 곳으로 와서도 J는 다른 환자들과 달리 치료팀이나 다른 환자들에게 별로 관심을 보이지 않았다. 마치 혼자만의 둥지 속에 살고 있는 날개가 꺾인 하얀 새처럼 보였다.

더운 여름날 오후였다. 외래 진료를 보고 있는데 병실에서 전화가 걸려 왔다.

"원장님, 빨리 병실로 오세요, J가 빵을 먹다가 쓰러졌어요."

J는 병실복도에 누워서 색색거리고 있었다. 얼굴은 괴로운 표정이었다. 입 속과 목 안을 살펴보니 간식으로 먹은 음식물이 그의 기도를 막고 있었다. 평소에도 J는 한 가지 음식만을 아주 빠른 시간 안에 먹어치우는 식사 행동 때문에 병원 가족의 지적을 받곤 했다. 일단 기도를 열어야겠다는 생각은 떠올랐지만, 압설자(壓舌子, 입 안을 검사할 때 등의 경우에 혀를 누르는 데 쓰이는 의료 기구)로 입을 벌리고 음식물을 파내려던 생각은 그리 쉽게 실현되지 못했다.

"목을 뒤로 젖혀요, 입을 크게 벌려 보세요!"

마음은 바쁘지만 생각만큼 압설자가 자유자재로 움직여 주지 않았다. 내 얼굴은 J의 얼굴이 푸른색으로 변하는 만큼 붉은색으로 변하고, 이마엔 땀방울이 흘러 눈을 괴롭힌다. J의 얼굴은 두려움에 질려 있었다. 궁하면 통한다고 했던가? 난 순간적으로 내 손가락을 닦은 다음 J의 얼굴을 옆으로 눕히고 검지와 중지를 이용해 그의 목 안을 파내기 시작했다. J도 고개를 돌린 채로 참기 힘든 순간을 잘 견디면서 도와주었다. 두 사람은 지금까지 경험하지 못한 강력한 팀워크를 느꼈던 것이다. 눈 깜짝할 사이에 J의 목에 걸린 음식물이 손가락 끝으로 걸려나왔다. 모든 사람의 마음속에서 긴장이 풀리는 순간이었다. J가 숨을 급하게 몇 차례 쉬자, 그의 얼굴에 붉은 혈색이 돌아오기 시작했다. 잠깐 동안에 벌어진 일이지만 이 일은 우리에게 많은 변화를 가져다주었다.

"원장님 고마웠어요. 정말 숨을 못 쉴 때는 죽는 줄 알았어요."

저녁식사 시간에 식당에서 만난 J는 나에게 밝은 얼굴로 인사를 먼저 건넸다.

"앞으로는 너무 급하게 드시지 마세요. 드실 땐 제 것도 하나 주세요. 하하"

나도 기쁜 얼굴로 인사했다. 나는 맘속으로 깜짝 놀랐다. 혼자서 지내 던 평소 모습과 너무나 다르고 긴장감이나 두려움도 훨씬 줄어들었다 는 것을 느낄 수 있었다. J가 오랜만에, 아니 처음으로 먼저 인사를 했 던 것이다. 나는 J의 목에서 빵을 건져낼 때 오른손으로 전달되던 J의 따뜻한 체온이 무척 경이롭고 친근하게 느껴졌던 것을 기억하게 됐다. 그날의 황당하고 성공적인 경험을 통해 의사와 환자의 관계는 새롭게 태어났던 것이다. 서로의 세계가 낯설게 보이고 행동이 다르게 보이더 라도, 적어도 두 사람의 관계는 그런 것들에 더 이상 구속되지 않고 조 금씩 깊어짐과 발전됨을 느낄 수 있었던 것이다.

J는 평소 밥을 물에 말아 먹는다. 병원 식구들 중에 제일 일찍 식사하 고 속도도 제일 빠르다. J가 국수나 스파게티, 잡채 등 면으로 된 음식 을 좋아하고 여름이면 냉면을 제일 좋아한다는 것도 모든 병원 가족의 흥미 거리가 됐다.

"J아저씨, 내일은 아저씨 생일인데 무슨 음식을 준비할까요?"

주방 아주머니가 J에게 묻는다.

"잡채하고 냉면 해주세요."

J는 웃으면서 대답한다. 오늘은 J의 생일이기 때문에 점심 때 잡채를 먹을 것이다. 잡채를 먹는 J의 소년 같은 얼굴이 나를 흐뭇하게 만든다. 며칠 전 직원들과의 식사시간에 나는 바가지에 대한 얘기를 하게 됐다.

"어느 분인지 모르지만 너무 꼼꼼하게 목욕탕을 정리해주고 바가지를 챙겨주어서 제가 요긴하게 사용합니다."

"어머, 원장님. 그럼 J아저씨에게 맛있는 것 사주세요. J아저씨가 목욕탕 청소하고 바가지도 챙기시던데요."

식사를 하던 간호사들이 내게 일러주었다. 나를 위해 누군가가 준비해 준 것이라고만 생각했던 추측은 보기 좋게 빗나가고 말았다. 그러나 J는 예전에는 기대하지 못한 모습을 보여 준 것이다. 나는 그저 J의 정리 덕분에 바가지를 챙기지 않아도 되는 혜택을 얻게 된 것이다. 그러고 보니 J가 정해진 시간에 식사와 세면을 하고 주위를 청소하는 다소 강박적인 행동이 늘어났다는 것을 새롭게 알게 됐다. 아직 J는 이런 변화된 행동의 동기나 의미에 대해 얘기한 적이 없지만, 그냥 누워 지내기만 하던 시간에 비하면 지금 그의 강박적인 행동이 오히려 발전이라 생각하고 싶다. 환자의 정리 정돈에 의사인 내가 도움을 받는다는 것이 어색하고 생소한 경험임에는 틀림없지만, J가 자신의 둥지를 털고 일어서서 우리 모두에게 다가오고 있다는 것도 확실한 사실이다. 의사인 내가 환자의 도움을 우연히 받는 것이 생소한 경험이고 혹은 다소 의존적인 입장에 놓인다고 느껴지더라도 그것을 견디고 받아들이면서 J의 변화를 지켜보는 것도 괜찮은 접근방법이라고 생각됐다. 의사인 나도 환자의 도움을 감사하게 받을 줄 알고 칭찬도 해야 두 사람의 관계가 더욱 현실감에 뿌리박게 될 것이기 때문이다. J가 정리정돈 잘하는 것에 대해 칭찬해 줘야겠다.

어제 오후에는 병실에서 J가 병동 물품을 정리하는 간호사를 도와주는 모습을 보았다. 할머니 환자들의 식사를 옮겨주는 일도 그가 도와준다. 참으로 정겹고 신바람 나게 변화하는 J의 모습이 감사하고 나에게 많은 것을 배우게 한다. 의과대학이나 수련의 시절에 배우고 익힌 의술이라는 것은 진단이나 치료에 많은 부분을 할애하고 있다. 그러나 한 사람 환자마다 인격적으로 대하고 의사 대 환자의 만남이 아니라 정일진과 J라는 인격의 만남이 필요한 것이라고, 스위스의 내과의사 폴 뜨루니에는 우리에게 가르쳤다.

환자를 보는 즉시 문제점, 진단, 치료를 기계적으로 발견하고 접근하는 방식이 아니라 개별 환자로서의 증례를 무엇보다도 중요하게 여기

는 그런 교육과 의술이 확장되기를 소망한다. 증례는 개별적 진단의 합보다 더 많은 것을 우리에게 가르친다. 신체적, 정신적, 사회적 문제점과 진단 외에도 환자의 신체와 정신과 환경이 상호 작용하면서 제공하는 독특한 문제와 도전을 통해 증례는 우리에게 많은 것을 가르친다. 같은 진단을 받은 환자라도 모든 증례는 새로운 측면을 보게 만드는 변증법적 과정을 우리에게 제공할 것이다. 거기에는 특수성과 인격이 존재하고 책에서는 배우지 못했던 문제의 해결을 요구한다. 일선 의사들이 이를 무시한다면 우리 모두는 코카콜라나 버거킹을 만드는 제조공

정처럼 매일 매일 진료실에서 의료 기술자와 환자라는 대상으로 만날 수밖에 없다.

환자는 의사에게 대상이나 객체가 될 수 없으며 하나의 엄연한 타자로서 다가온다. 의사만 환자에게 변화를 요구하는 것이 아니라 환자도 그러하며, 의사가 집착이나 강요에서 자유로워진다면 환자도 그렇게 변화할 것이다. 환자도 의사를 가르치고, 의사를 긍정적이고 치료적인 방향으로 변화시키기도 한다. 의사의 지식과 기술이 아무런 도움이 되지 못할 때도 있으며 의사의 염려와 우려를 비웃으며 존재를 이어가기도 한다. 그래서 의사는 최선을 다해 환자를 돌보고 섬기지만 한편으로는 겸손하게 자신의 한계와 부족한 점을 받아들여야 한다는 것을, J가 다른 어떤 환자보다도 확실하게 나에게 가르친 것이다.

글쓴이 정일진은 37세의 정신과 전문의로 현재 충북 진천에서 정일진신경정신과의원을 운영하고 있다. 그는 여태껏 시도해 보지 않았던 수필 쓰기를 통해 자신에게 필요하다고 생각되는 감수성과 솔직함을 발견하고자 했다고 한다. 그는 앞으로도 환자와의 전인격적인 만남을 통해 겸손하고 유익한 진료를 펼치도록 노력하겠다고 한다.

진 중(陣中) 사 이

"충성, 군의관님께 용무 있어서 왔습니다."

"어, 그래. 어디 아파서 왔나?"

"군의관님, 어…, 아침에 일어나면, 어지럽습니다. 많이 어지럽습니다."

"그래? 언제부터?"

녀석은 첫인상이 꽤 나이가 들어 보였다. 짧게 깎은 머리에 눈초리에도 잔주름이 잡혀 있었고, 양 볼은 피부에 탄력이 거의 느껴지지 않았으며, 어린애 같은 초롱초롱한 눈빛은 잘 보이지 않았다. 거의 새것에 가까운 군복에 쓸쓸히 붙어 있는 이등병 계급장과 함께 탄력을 잃은 듯한 모습으로 들어온 녀석을 보면서, 이른 시간이었지만 나도 약간은 맥이 풀렸다. 자식, 조금 힘들다고, 군기 빠진 것 아냐?

"너, 누웠다 갑자기 일어난 것 아니냐?"

어지러운 것도 문제였지만, 감기 기운이 있는 것 같아 처방해 주었더니, 녀석은 의외로 기백을 보이려 노력하며 경례를 붙이고 물러났다. 물러가는 녀석의 뒷모습을 보며, 이등병인데 좀 더 살갑게 해줬어야 하지 않을까 일말의 후회가 들었다. 인생은 아쉬움의 점철이라더니.

그다지 환자도 많지 않던 봄날이었는데, 사흘 뒤 녀석은 나를 다시 찾아왔다.

"충성, 군의관님께 용무 있어서 왔습니다."

"음, 아침에 일어나면 어지러워서 왔니?"

"그것도 있습니다, 군의관님. 그런데, 오늘 아침에 구보하고 나서 오바이트를 다섯 번이나 해서 왔습니다."

"지금도 미식미식해?"

수많은 아이들이 같은 군복에 같은 머리 스타일이라 여간해서는 헷갈릴 수도 있는데, 녀석은 인상이 남는 쪽이었다. 자대에서 적응하느라 호되게 고생하고 있음이 긴장된 표정과 군기 찬 동작 속에 녹아 있었다. 그래도 저번에 잘 못해줬다는 미안한 마음과 약간만 힘들어도 열외하려는 것 아닌가 하는 노파심 반반으로 진찰해 보았더니 다른 큰 문제는 없는 듯해, 약을 주고 돌려보냈다. 힘들면 구보는 열외하라고 덧붙여 주면서.

그러나 바로 다음날 다시 구보 후 두 차례 구토를 했다 하여 입원시키고 며칠 관찰한 후 회복시켜 퇴원시켰다.

"쟤는 몇 살이냐?"

"군의관님, 쟤 어립니다."

"근데 왜 나이 들어 보이지?"

의무병에게 물어보니, 전입한 지 얼마 안됐는데, 어리버리해서 모두들 혀를 내둘렀다고 한다. 말귀도 어두운 것 같고, 녀석이 말해도 잘 못 알아듣겠고. 통신병인데 지금 봐서는 앞으로 통신병을 할 수 있을지 없을지도 모르겠다고 했다. 중대에서 모두 답답해한다고. 군의관으로서 녀석이 적응을 못해서 의무대만 자주 왔다갔다하지 않을까 걱정됐다. 자식, 적응이 쉽지 않겠는걸.

한두 달 후, 녀석이 꿋꿋하게 노력은 하고 있지만 부대에서 임무수행은 잘하지 못하고 있다는 이야기만 들으며 지내고 있던 차, 의무대 한 구석에서 군화를 벗고 꼼지락거리고 있는 녀석을 보았다.

"박○○, 뭐하냐?"

"충성, 군의관님."

"어디…."

녀석은 빨갛게 염증이 생긴 발가락을 소독한다고 부산을 떨고 있었

다. 아프겠다는 생각. 발가락이 약간 부어 있었지만, 그래도 얼굴은 전
보다 많이 퍼졌다는 생각이 들었다. 입원을 시킬 정도네. 왜 나한테 미
리 말 안 했지? 당분간 군화 말고 운동화를 신으라고 얘기해 주고, 입원
시켰다. 1주일 정도 치료를 받은 후 깨끗이 나아 퇴원했다. 입원해 있을
때 농담도 몇 번 걸어봤는데, 영특하고 재기 발랄한 면은 많지 않더라
도 말할수록 재미가 느껴지며, 말도 잘 듣고, 이 놈 귀여운데, 이런 생
각이 들게 하는 녀석이었다. 여우나 토끼라기보다는 새끼 곰 같다고나
할까.

"박○○, 잘 지내나?"

"예, 그렇습니다."

"박○○, 너 집에 가려면 며칠 남았어?"

"아이, 잘 모릅니다."

"너, 의무대에 오래 있었는데, 의무병 해라."

"아닙니다."

한동안 녀석은 의무대에 오지 않았다. 나도 간혹 복도에서나 지나쳤
을까 녀석을 보지 못했는데, 어느 날 노크 소리가 들렸다.

똑똑.

"누구냐, 들어와라."

빠끔 열린 문으로 난데없이 커피가 한 잔 들어오고 있었다. 박○○와

함께.

"야, 이것 뭐야? 나 커피 안 먹는데."

"군의관님, 휴가 갔다 와서 한잔 대접해 드리는 겁니다."

"오 …, 박○○. 휴가 갔다 왔다고 쏘는 거야? 원래 나 커피 안 먹지만, 먹어야겠네….”

녀석은 수줍은 웃음을 지으며 문 밖으로 나갔고, 잠시 뒤 의무대에 둘러보니 의무대 전체에 커피를 다 한 잔씩 돌리고 나서, 신나게 애들에게 얘기를 하고 있었다. 자식, 그렇게 긴 휴가도 아닌데 놀긴 잘 놀았나?

"쟤, 박○○, 요즘 어떠니?"

"군의관님, 저 놈 잘 지내고 있습니다. 지금은 중대에서도 인기 좋습니다. 신병 때 온갖 어려움을 꿋꿋하게 버텨냈다고, 모두들 귀여워하고 있습니다."

이제 녀석은 날 그렇게 자주 찾아오지는 않는다. 복도에서 어쩌다가 마주치기도 하고, 간혹은 전화를 할 때 교환을 보는 녀석의 목소리에 빙그레 웃음이 나기도 한다. 가끔은 전화 연결을 엉뚱한 곳에 해주기도 하지만. 며칠 전에는 씩 웃으며, 여유 있게 날 찾아와 이가 아프다고 해서 약을 준 적이 있었다.

며칠 전 의무대에 관해서 소원수리를 받았다. 여러 가지 이야기가 나왔다. 약을 더 다양하게 구비해 달라는 말도 있었고, 수고하신다는 말, 병원으로 외진을 보내달라는 말, 겨울철 질병 예방법을 가르쳐 달라는 말…. 누리끼리한 종이들 속에서 갑자기 영화 포스터같이 생긴 어여쁜 편지지가 나왔다. 녀석이 쓴 것이었다.

"군의관님께. 저는 ○○예요. 제가 너무나 아픈 데가 많아서 군의관님께 너무나 자주 면담을 많이 했죠. 하지만, 내가 너무나 아프고 하니까…, 나도 조금씩 조심하고, 항상 더욱 아픈 곳을 잘 치료하고…, 이가 많이 아프고 하지만, 어제는 많이 치료해서 조금 나아졌어요. 그리고 군의관님께서 아픈 데 있으면 의무과로 내려와서 이야기하자고 했고, 항상 우리 사병들을 잘 치료해 주시니까, 저희들이 안심하고 군대 생활을 할 수 있어서 참 좋은 점이 많이 있습니다. 앞으로도 무슨 일 있으면, 의무과 가서 말 자주 할게요."

자식, 많이 컸구나. 무럭무럭 더 빨리 커서 상병도 달고, 병장도 달고, 늠름한 모습으로 건강하게 개구리 치고 집에 가라. 후후, 너 집에 가기 전에 나도 가겠지….

글쓴이 임일한은 29세로, 올 4월 전역했다. 한미수필문학상 응모가 진로에 대한 고민의 일환이었다는 그는, 현재 미국에서 내과수련을 준비중이다. 그는 수상의 기쁨을 평생 잊지 못할 것이라면서, 특히 나라의 부름을 받아 자신을 희생하고 있는 전장병과 함께 기쁨을 나누고 싶다고 말했다.

기와에 담는 마음 하나

가을걷이가 끝난 들판은 풍성한 가을과는 달리 쓸쓸해 보인다. 버스 차창 속에 쉴 새 없이 흐르는 그 적적한 모습을 담으려 두 눈은 분주하기만 하다. 음악을 듣고 싶어 가방 속을 뒤적여본다. 이어폰을 어디에 뒀더라. 보조 주머니를 열어본다. 내 손에 이끌려 나온 은색 명찰 하나.

'여기 있었구나!'

차디찬 금속 위에 적힌 '의사'라는 단어와 그 뒤에 나란히 적혀 있는 내 이름 석 자가 어색하게만 느껴지는 건 왜일까⋯. 병원에 가운과 아이디 카드 등을 반납하고 이 작은 명찰은 찾지 못해 반납을 못했었는데, 짐을 정리할 때 이 곳에 넣어뒀던 것을 잊고 있었나보다. 짧은 반년

247

간의 인턴 생활 흔적이라곤 이 작은 명찰 하나와 몇 안 되는 단편적인 기억들. 이어폰을 귀에 꽂고 다시 창 너머로 시선을 옮겨본다.

"특별히 주의할만한 사항은 없을 건데요 ⋯."

항상 장 선생은 그런 식으로 말을 시작한다. 하지만 뒤이어 나올 말들을 부지런히 받아 적고 머릿속에 기억해야 하기 때문에 여간 신경이 곤두서는 게 아니다.

"다른 일들은 제가 다 마무리 지었구요. 신환 차트는 찾아서 병동에 맡겨둘게요. 선생님 환자만큼은 호출이 안 오겠지만, 그래도 여기 제가 따로 표시해 둔 환자들은 신경 좀 써주세요."

장 선생이 건네는 환자 명단엔 이미 세 사람의 이름 위로 노란색 형광펜이 덧칠해져 있다. 장 선생은 항상 인계 때마다 무표정이다. 일이 힘들고 몸이 피곤해서겠지. 이해는 하지만 늘 찌들어있는 모습이 안타깝기도 하다.

"그럼 우리 환자들 ⋯, 잘 좀 부탁할게요."

장 선생은 수고하라는 말 대신 항상 이 말을 끝으로 인계를 모두 끝낸 후련함에 돌아서 회의실을 나간다.

별로 친숙한 사람은 아니지만 그래도 장 선생에게 고마움을 느끼는 건 어쩌면 그 한마디인지도 모르겠다. 우리 환자들을 잘 봐달라는 말. 환자에 대해 갖는 자부심 내지 사명감에서 나오는 말이겠지. 내게도 저런 마음가짐이 있는 걸까. 한숨을 내쉬면서 장 선생이 건넨 환자 명단을 훑어본다. 익숙한 이름도 있고 며칠 새 새로 온 신환들의 낯선 이름도 있다.

답답한 마음에 창 밖을 내다본다. 오월이라 일곱 시가 되어도 그리 어둡지는 않다. 잠깐이라도 이렇게 앉아서 창 밖을 내다볼 수 있다는 게 고마울 정도로 내과에서의 인턴생활은 벅차기만 하다. 잠시라도 호출기가 조용한 걸 감사할 정도로 나약해진 내 자신이 한심하기만 하다. 이런저런 감상에 젖을라치면 어느새 내 자신에 대한 푸념에 빠지고 만다. 또다시 호출기가 울려댄다. 특별히 호출이 없을 거라는 장 선생의 말이 무색하게 그가 건넨 호출기가 먼저 울려댄다. 장 선생의 호출기가 울리면 내 것이 울릴 때보다 더욱 걱정스럽다. 마약처방전 사인 몇 장이 필요하고 환자 한 명의 복수를 좀 빼야 한다고 한다. 장 선생이 건넨 환자 명단을 본다. 노란색 형광펜이 덧칠해져 있는 환자다. 복수 제거는 몇 번 해봐서 그리 겁낼 게 아닌데도 어떤 시술을 행할 때면 그에 대한 긴장과 부담을 지울 수가 없다.

담당 간호사에게 천자(穿刺) 세트를 받아들고 환자가 있는 병실로 간다. 창가 쪽에 누워 있던 남자는 보고 있던 책을 머리맡에 올려놓으면서 일어나 앉으려 한다.

"그냥 누워 계세요."

환자가 일어나는 게 무리라 걱정에서 나온 소리가 아닌 너무 뻔한 직업적인 말투다. 환자를 대할 때면 항상 첫말을 꺼내기가 어렵다. 질병이라는 특수 상황에서 흔히 하는 인사조차 서로 건네는 게 오히려 서먹할 때가 있다. 그러다 보면 가급적 직업적 대화밖에 할 수 없게 된다. 남자는 멋쩍어하며 일어나려던 것을 주저한다. 하지만 이내 웃으면서 '일하시느라 힘들겠다'고 오히려 나를 걱정한다. 일하다보면 그런 식으로 내가 환자에게 되레 위로를 받는 경우가 많다. 복수 천자에 대해 설명하고 간호하는 남자의 부인에게 다른 필요한 사항을 이야기한 뒤 시술에 들어간다. 남자는 시술 내내 불평 한마디 없이 드러누운 채 천장만 바라본다. 여자도 옆에 서서 물끄러미 나를 내려다볼 뿐 다른 말은 없다. 언젠가 간단한 혈액채취를 할 때 몹시도 힘들어 환자와 보호자로부터 무안 당하던 것을 생각해보면 나로선 고마울 뿐이다.

"힘드시더라도 우선 그냥 누워 계세요. 물이 잘 안 나오거든 몸을 약간만 기울이시구요."

세트를 정리하면서 작게 한숨을 내쉰다. 매번 시술이 끝날 때면 등은 온통 땀으로 젖는다. 남자는 내 쪽을 보며 수고하셨다고 환하게 웃는다. 아버지 연세쯤 되는 남자는 나이에 어울리지 않게 천진한 웃음을 보낸다. 갑자기 미안해진다. 그러고 보니 시술 내내 환자에게 말 한마디 건네지 않았던 것이다. 시술에 따른 긴장 탓이라고 핑계를 대본다.

환자 옆에 놓여 있던 푸른 담요를 돌돌 말아 환자 허리에 조심스레 받쳐본다. 남자는 또다시 내게 웃음을 보낸다. 여자는 언제부터 들고 있었는지 음료수를 하나 건넨다. 호출기도 다행히 조용하고 시술이 끝난 뒤여선지 그제야 맘이 조금은 편해진다. 아니, 어쩌면 남자의 웃음이 그렇게 만들어준 건지도 모른다.

"좀 아프셨죠?"

어색하게 한마디 건네본다.

"이마에 땀까지 다 맺히고 많이 힘들었는갑네. 이거 아파도 아프다고 선생님한테 말도 못 하겠네요."

괜스레 미안함에 얼굴이 달아오른다. 게다가 선생님이란 말을 자주 들으면서도 들을 때마다 어색한 건 어쩔 수가 없다. 나도 모르게 멋쩍은 표정을 짓게 된다. 남자는 그런 내 표정이 사뭇 신기하다는 듯 쳐다보더니 장난기 어린 표정으로 날 본다.

"아이구, 그렇다고 얼굴까지 빨개지면 어떡한대. 하나도 안 아팠어요."

남자는 몹시도 아팠다는 듯 얼굴을 일부러 일그러뜨린다. 그런 장난스러운 표정은 오히려 정다워 보인다. 옆에 있던 여자의 얼굴에도 잠시나마 스치듯 미소가 흐른다. 멋쩍게 시작한 대화가 삼십 분이 넘어섰고, 병에도 더 이상 물이 채워지지 않는다. 배에 꽂은 천자 바늘을 빼고 소독한 뒤 풀어헤친 상의 단추를 채운다.

"아이구, 시원하네. 침대에서 일어나 뛰어다녀도 되겠어."

"그러지 마세요. 그러다 어디 아프시기라도 하면 저 곤란해진다구
요."

"말이 그렇다는 거지. 그냥 놔둬, 단추는 내가 채울 테니까."

"특별히 해 드리는 거예요."

남자와 나눈 대화 때문이었을까. 많이
정다워진 기분에 병실을 나오기가
싫다.

"고맙습니다."

별로 한 일도 없는 내게
여자는 약간 상기된 모습
으로 병실 복도까지 나와
서 답례를 한다.

"저 양반이 저렇게 소
리 내 웃으며 얘기하는
거 정말 오랜만이에요.
여기 병원 들어와서는
요."

내소사에 도착한 낡은 버스는 요란하게 시동 꺼지는 소리를 내며 정
차한다. 매표소 입구에서부터 전나무 향기가 풍기는 듯하다. 사찰까지
이르는 산책로는 짧긴 해도 많은 여운을 준다. 하늘을 반쯤 가린 높은
전나무를 올려다보며 잠시나마 또 다른 세상에 온 듯한 편안한 기분에
취해본다. 간혹 들리는 새소리와 나무 사이로 불어오는 바람도 기분 좋

다. 전나무 숲길이 끝나면 아직은 덜 물든 단풍나무가 사찰까지 길 안내를 한다. 그제야 가려져 있던 사찰이 저만치 모습을 드러낸다. 조심스레 사찰 안으로 들어가본다.

마당 한쪽엔 석탑이 자리 잡고 있고 조금 떨어진 곳에선 사람들이 약수를 떠먹고 있다. 몇몇은 커다란 고목 아래서 대웅전을 배경으로 사진 찍기에 분주하다. 저만치 모퉁이엔 다소 허름한 간이 판매점이 있고 그곳에선 기왓장에 글씨를 적어주고 있다.

가족, 연인, 친구의 이름, 사랑한다, 건강을 기원한다, 사업이 번성하기를 빈다….

검은 기와 위에 하얗게 적힌 그네들의 이름과 사연이 정겹게 보인다. 저 기와에 적혀 있는 대로 세상 모든 일이 이뤄지기만 한다면야 무슨 걱정과 근심이 있을까마는, 그래도 한 가닥 소망을 적는 자체로 그네들에겐 남다른 의미가 아닐까.

약간 높은 돌계단을 올라 대웅전 문 앞에 다다른다. 고운 흰 머릿결을 가진 마음 좋아 보이는 할머니 한 분이 회색 빛 승복을 가지런히 입고 설명에 열심이시다. 긴 설명을 하는 사이사이 할머니는 들고 있는 목탁을 두드린다. 주위가 조용해서일까. 목탁소리가 바람을 타고 대웅전 바깥까지 퍼지는 듯하다.

저녁식사 시간이 돼서야 환자들의 상처부위를 소독하는 일이 끝났다. 이제 장 선생에게 인계만 하면 대여섯 시간 정도 휴식을 취할 수 있다. 조금은 홀가분한 마음으로 복도를 지나가는데 뒤에서 '선생님' 하며 부르는 듯 여자의 목소리가 들린다. 남자의 아내가 어색하게 저만치 서 있다.

"아, 안녕하세요?"

아차, 얼마나 바보스러운 인사인가. 병원 안에서 이런 인사를 듣는 게 참으로 어색한 걸 알면서 또 하고 만다.

"예, 저기…, 지금 바쁘세요?"

끝을 흐리는 여자의 질문이 알고 싶어서 묻는 게 아니란 걸 모르는 터가 아니다. 그래서일까. 여자의 낮은 목소리가 메아리처럼 마음속에 울리는 이유가.

여자는 복도 한쪽에서 그 동안 있었던 일을 푸념하듯 누가 들을세라 조용히 이야기한다. 남자는 며칠간 중환자실에 있었다고 한다. 상태가 갑자기 안 좋아져서 부득이하게 그 쪽으로 옮겼고, 그 안에서 며칠간 있는 게 오히려 환자나 보호자에게 더 힘들기만 해 다시 11층 병동으로 옮겼다고 한다. 암이란 게 남들 이야기 같아서 우습게만 생각했더니 막상 자신한테 닥치고 보니 이렇게 해줄 수 있는 게 없다면서, 여자는 목소리까지 잠겨가고 있다.

"병실 옮기고서 우리 아저씨가 선생님 한번 보고 싶다고 하더라구요. 저 양반이 아는지 모르는지 말은 않지만 우리야 이미 맘먹고 있으니까…. 그냥 좋게…, 좋은 모습으로 잘 가실 수만 있으면 좋으련만…."

나의 형이 암으로 먼저 세상을 떠난 탓에 여자의 감정을 조금은 알 수 있었기 때문일까…. 달리 해줄 말이 없다. 죽음을 미리 부여받은 사람과 그 가족에게는 차라리 아무런 말도 하지 않는 게 낫겠지 싶었다.

여자를 따라 병실로 들어간다.

"어! 이게 누구야. 선생님 많이 바쁘셨는갑네. 얼굴 한번 보기가 왜 그렇게 힘들어?"

남자는 날 보더니 여간 반가워하는 게 아니다. 어린아이 같은 저 웃음이 왜 갑자기 측은해 보이는 걸까.

"굉장히 바빴죠. 식사는요?"

괜한 너스레를 떨어본다. 남자는 라면이 먹고 싶은데 도통 안 끓여 준다면서 아이 마냥 투정을 부린다. 그렇게 남자는 아들에게 말하듯 친구에게 말하듯 이런 저런 이야기를 한다. 자꾸만 밀려오는 착잡한 기분을 떨칠 수가 없다. 남자에게 해준 건 고작 복수천자밖에 없는데 남자는 그 이상으로 내게 감사한다. 여자는 한쪽에 조용히 앉아서 나와 남자를 번갈아 보며 아무 말이 없다. 호출기가 다시 울려댄다.

"가봐야겠네. 또 놀러와. 바쁘겠지만…."

남자는 이내 아쉬운 표정이다. 여자는 항상 병실 밖까지 따라나오며 고맙다고 한다. 문득 여자 얼굴 위로 어머니의 표정이 겹친다. 형이 힘들어할 때 어머니 역시 저런 표정이었겠지. 괜스레 맘 한편이 서글퍼진다.

대웅전 뒤편에는 사람 손길이 별로 가지 않은 대나무가 심겨 있다. 대나무를 잡고서 살며시 흔들어본다. 살가운 나무 느낌이 귓속까지 닿는 것만 같다.

대웅전을 빠져 나와 다시 산책로를 걸어본다. 항상 그 자리에 서있는 전나무였을 텐데, 그리고 조금 전에 맡은 나무 향인데 다르게 느껴지는 건 왜인지 모르겠다.

남자가 언젠가 그런 말을 한 적이 있다.

"가만히 이렇게 누워 있으면 별 생각이 다 들어. 그 중에서도 남들이 나를 어떻게 볼까, 그게 가장 걱정되더라구. 난 그대로거든. 저 사람도 내가 아프니까 이것저것 많이 신경 써줘서 고맙긴 한데 그냥 예전처럼 대해주면 좋으련만 ….."

건강문제로 할 수 없이 병원을 그만두고 집에 내려와서, 가끔 남자는 지금 어떻게 하고 있을까 궁금해지곤 한다. 어쩌면 날 의사보다는 친구로서, 아들로서 생각했을지도 모른다. 내가 의사로서 해준 건 아무 것도 없으니 그냥 조금 편안했던 사람으로 기억해주면 좋을 텐데.

　대웅전 안에 소망을 적은 기왓장을 남기고 오진 못했지만, 그 대신 마음속에 작은 기왓장 하나를 남겨본다. 그리고 그 안에 서툰 글씨체로 적어본다. 사람들이 행복하게만 살 수 있었으면 좋겠다고.

글쓴이 양호진은 29세의 공중보건의사로, 현재 전북 무주군 부남면보건지소에서 일한다. 기차여행 중에 수상 소식을 전해들은 그는 "사람은, 누군가의 기억 속에 남아있다면 가까운 곳에 함께 있지 않더라도 영원히 함께 하는 것이라 생각한다. 나에 관한 좋은 일이라면 오히려 더욱 기뻐해 주는 가족, 떠나는 마지막 모습을 옆에서 지켜주지 못했던 형, 그리고 여행 내내 마음속으로 고맙게 다가서는 친구 은정이에게 이 작은 기쁨을 모두 건네고 싶다."고 말한다.

이방인

카뮈의 '이방인'을 최근 다시 읽고 있다. 여전히 밤에는 잠도 오지 않는다. 새벽녘에야 이방인은 잠이 든다. 늦잠을 잤다. 인터폰 소리에 잠을 깼고 칫솔에 치약을 묻히는 동안 여사님(보건지소에서 일하는 보건직 공무원을 부르는 관행적 호칭. 나이가 지긋한 아주머니들이 많아서 이런 이름이 붙여진 듯하다)이 올라와서 문을 두드렸다. 환자가 밀린 모양이었다. 나는 세수도 못하고 진료실로 내려갔다. 층계로 뛰어내려가는데 버스가 지소 앞에 서 있었다. 버스 안에서는 승객 몇 명이 경황없는 나를 물끄러미 내다보고 있었다.

진료실로 들어갔더니 벌써 환자가 몇 명 기다리고 있었다. 나는 순서대로 처방전을 써 주기 시작했다. 그러는 사이 복도에서는 누군가 왔다

갔다하면서 안절부절못하고 있었다. 드디어 그 사람의 차례였다. 목이 아파서 왔다고 했다. 그 사람은 내가 처방전을 쓰는 동안 몇 번이나 시계를 들여다보았다.

"바쁘세요?"하고 묻자, "아니요. 저는 안 바쁜데 승객들이 기다려서 미안하네요."하고 웃으며 말했다. 그는 버스 운전사였다. 나는 늦게 일어나서 내려온 것이 마음에 걸렸다. 어쨌든 그는 처방전을 가지고 버스에 올라타서 수청리라는 산골을 향해 액셀러레이터를 밟았다.

나는 손을 씻고 밖으로 나가 담배를 피웠다. 추수가 오래 전에 끝난 겨울 들판을 보며 시간이 베어낸 많은 날들을 떠올렸다. 밤에는 잠이 오지 않아도 누워 있어야겠다. 그래야 가끔은 버스 승객들이 조금 더 빨리 산 속의 집에 갈 수 있다.

의료의 세계는 여러 종류다. 첨단 장비로 무장한 세계가 있는가 하면, 기다리는 시내버스와 늦잠 자는 의사로 이뤄진 세계도 있다. 첨예한 지식적 논쟁과 엄청난 설비와 기술, 수많은 의사들, 논문과 경쟁…. 그런 이상한 세계에 나는 있었다. 그 세계의 독실한 신자로서 의사 면허와 전문의 자격을 얻었다. 그러나 8주간의 군사훈련을 마치고 내가 배치 받은 곳은 평화로운 전라북도 시골 마을 보건지소였다.

의약분업이 되면서 보건지소는 자체 예산이 사라졌고 환자의 수도 격

감했다. 약국이 지소에서 멀고 면 소재지에는 의원이 2개나 되기 때문이다. 지소 2층 관사에 올라와서는 더 암담했다. 사방이 논인지라 밤에 잠을 잘 때는 개구리 소리가 시끄러웠고 인터넷도 들어오지 않았다. 서울에서 자란 나는 마치 귀양살이를 온 느낌이 들었다. 논 위에 떠 있는 지소에 누워 있노라면 물위에 떠 있는 기름이 된 기분이었다. 더구나 환자를 보기 시작하면서 그 기분은 점점 더해갔다. 고가 장비는커녕, 간이 검사 하나 되지 않는 사무실에서 오직 처방전 용지 하나만으로 진료를 해야 하는 곳. 더구나 성형외과를 전공해서 매일 수술실에서 살아가던 내가 갑자기 내과 질환을 보고 있노라니 무력감을 감출 수 없었다.

환자들은 지소 진료비가 싸다는 이유로 의원에서 받은 처방전을 들고 와서 카피를 요구하는 경우가 허다했다. 여기가 대서소예요? 하고 환자에게 화를 낸 적도 많았다. 지난 겨울, 외풍을 막느라 관사에 혼자서 비닐을 치다가 의자에서 몇 번이나 넘어졌고, 머리칼처럼 숱한 쓸쓸한 밤은 마음을 점점 닫아걸게 만들었다. 그럴수록 조금씩 진료에 대해서 점점 의욕을 잃어 갔다.

그러나 사람은 적응하기 마련이다. 관사의 정오, 근처 공중보건의사들이 모여서 비슷한 모양의 일그러진 희망을 털어놓는다. 그러는 동안

겨울 오후는 몇 개의 그릇에 나뉜 채 중국집에서 배달된다. 우리는 텔레비전을 보면서 몇 가닥의 위로를 입안에 넣는다. 겨울 햇빛에 조금씩 관사 앞마당의 빨래가 마르고, 저녁때는 읍내에 나가서 술이나 한잔 하자고 말하고 헤어진다. 오후엔 거의 환자가 없기 때문에 또 낮잠을 잔다. 보통 2시가 넘어야 환자들이 두세 명 오기 시작한다. 오늘도 어김없다. 정확히 2시에 그 할머니가 왔다. 혈압이 통 조절이 되지 않는 할머니다. 오늘도 마찬가지다. 왜 이렇게 혈압 조절이 안 되지? 나는 혼잣말을 하면서 할머니를 바라본다. 할머니도 걱정스러운 표정으로 나를 보다가 말씀하신다.

"그러게 말이여. 어서 죽어야 할 텐데, 혈압이 왜 또 속을 썩인댜?"

야속한 일이다. 약을 바꾸었는데도 혈압은 도무지 내리지를 않는다.

"할머니, 약 드셨지요?"

"그럼. 먹었지."

정말 할 말이 없다. 그 때 여사님이 옆에 있다가 할머니에게 소리를 지른다.

"할머니, 무슨 약 드셨어요?"

할머니는 대답이 없다.

"무슨 약 먹었까니 혈압이 안 내린댜아?"

여사님이 큰 소리로 다시 묻는다. 그제야 할머니는 대답한다.

"예전에 서울 사는 아들내미가 사다 논 약이 집에 많어. 그거 먹지."

"그럼 여기서 받아 간 약은?"

할머니는 이렇게 말한다.

"그건 모아 두구 있지. 이전 꺼부터 먹구."

나는 갑자기 멍해진다. 아뿔싸. 나는 다시 설명한다.

"요번엔 이걸 드시고 오셔야 되요. 내일 또 오세요. 오늘 이거 꼭 드시구, 알았죠?"

"아이. 이제 한 달에 한 번 오면 안 뒤야? 오기가 워낙 힘들어. 그리구 허리 아픈 약 좀 줘. 온 사방이 다 아프네 그려."

나는 갑자기 맥이 풀린다. 나는 진통제를 처방한다. 그러고 나서 지소 밖으로 나와서 담배를 또 한 대 피운다. 적어도 이 세계에서는 의료가 지식에서 도출되는 것이 아니다. 지식이라는 이름으로 인식의 세계에 자리잡고 있는 것은 결코 의료로 내려앉지를 못한다. 한번은 옻닭을 먹느라고 일주일 동안 항히스타민제 주사를 요구하는 환자들도 있었다.

"이렇게 온 몸이 난리인데 옻닭을 드시지 마세요."하면 "위장이 안 좋아서 먹어야 된다니께. 양의사들은 이해를 못햐. 나아 차암."할 뿐이다. 현대의학이라는 종교는 나를 이들로부터 격리시킨다. 갑자기 브나로드 운동을 하는 상록수의 주인공 또는 오지의 선교사가 된 기분이다. 도대체 나는 누구를 위하여 무엇을 믿고 있는 것일까?

무슨 생각이 들어서였을까? 무력한 나의 그림자는 차 시동을 켜고 처방전을 받아 나오는 그 할머니를 기다리고 있다. 할머니를 약국 앞까지 모셔다 드리고 내친 김에 약까지 조제 받는다. 약사가 어리둥절하게 웃다가 말한다.

"우리 지소장님, 할머니랑 언제 이런 사이가 되셨나?"

비포장도로를 달려서 할머니의 집앞까지 간다. 내가 왜 그러고 있는지는 모르겠다. 아무리 생각해도 나는 이 마을에서는 이방인인데 말이다. 그래도 내 생각이 할머니에게 내려앉게 할 수 있는 방법이 오직 이것뿐이라는 생각이 들어서였을까?

"아유, 선상님. 복 많이 받으슈. 고마우이."

손을 흔드는 할머니를 뒤로하고 지소로 돌아오는 길, 낯선 한숨을 쉬며 생각한다. 아, 내가 여기에 와서 발부했던 수많은 처방전은 어디로 갔을까? 눈발이 그 많은 종잇장처럼 허공에서 날리기 시작한다. 땅으로 스미지 못하고 자꾸만 공중으로 올라가는 눈발.

5시. 근무가 끝났다. 정읍에서 공중보건의사들의 회식이 있기 때문에 나는 나갈 채비를 한다. 그 때 파출소장에게서 핸드폰이 울린다.

"아이, 지소장님. 검시(檢屍) 좀 해주셔야겠네요. 미안합니다."

이런. 오늘은 도대체 왜 이러지. 석 달에 올 비가 하루에 다 내리는 느낌이다. 나는 무표정하게 다시 차를 몰고 시체가 발견됐다는 곳으로 간다. 아까 오후에 갔던 그 길이다. 할머니가 지팡이를 짚고 밖에 나와 있는 것이 보였다. 경찰차가 서 있는 집은 할머니가 사는 집의 앞집인 모양이다. 나는 파출소장에게 인사를 하면서 차에서 내린다. 할머니가 나에게 반갑게 손을 흔든다.

"아유. 원장 선상님. 또 여길 워떻게 오셨댜아?"

나는 인사도 제대로 못하고 경황없이 시체가 누워 있는 방으로 들어간다. 방 안 가득 소주 페트병이 쓰러져 있다. 어림짐작 백 개가 넘을 것 같다. 시신은 전기밥솥을 베고 누워서 입을 벌리고 있다. 경찰들과 함께 나는 시신의 옷을 가위로 잘라내고 시반(屍班)을 눌러 보고 시강(屍强, 시체경직)을 확인한다. 아랫배에는 이미 푸르스름하게 부패가 시작된 것 같다.

"돌아가신 지 하루가 넘은 것 같네요."

나는 말한다.

"혼자 사는 양반인데 술에 절어 살았대요. 친척도 연락이 안 되고 나참 답답하네요."

파출소장이 말한다. 나는 쓸쓸하게 고개를 끄덕인다. 이 사람이 죽어간 순간을 상상해 본다. 도대체 의사는 왜 필요한 것일까? 술에 의존한 채 하루하루 죽음을 기다리는 독거노인들에게 큰 병원에 가서 제대로 한번 검사를 받으라고 말했던 것은 어떻게 받아들여졌을까? 속 쓰리다는데 위궤양 약이나 주면 될 것이지 웬 말이 많냐며 소리치던 사람들을 이런 죽음 앞에서 이해 못할 이유는 사실 없는 것이다. 갑자기 얼어붙은 지식의 망상이 녹아서 개울처럼 졸졸 흘러가는 느낌이다. 그 집을 나와 지팡이를 짚고 서 있는 할머니에게 물었다.

"할머니, 오늘은 제가 처방한 약을 드셨쥬?"

할머니는 고개를 끄덕이며 웃는다. 나도 고개를 끄덕이며 웃어본다. 할머니가 나에게 스며들고 나는 할머니에게 스며든다. 우리는 잠시 스몄다가 서로의 고단한 인생으로 돌아간다.

지금껏 사람들이 나를 이해 못해 준다고 생각했다. 하지만 실제로는 내가 이들의 밖에 있었다. 사실 나는 정신적인 의미의 이방인이었다. 십 수년간 나를 지배해 오던 암기된 지식의 망상에 사로잡혀, 그들이 받아들일 수 없는 수상한 사람, 이 마을을 부유하던 이방인이었다. 좋은 의사로 살아간다는 것은 지식만으로는 턱없이 부족한 일이었는데도 말이다. 지식을 인식의 세계에서 끌어내려 실제로 생활 속에서 영향을 주는 의료가 되도록 하려면 흙처럼 머무르고 있는 사람들을 위해서 내가 물처럼 그들에게 스며야만 한다. 그렇게 할 수 있다면, 절박한 앰뷸런스 소리, 현란한 모니터링 장비, 극적인 감동과 눈물의 현장은 아닐지라도 이 곳은 또 하나의 새로운 병원이다. 한가로운 이방인 의사가 졸고 있을 때 혼자 사는 노인이 찾아 와서 아들에게 말하지 못한 아픔을 말할 수 있는 이 곳은 분명 좋은 병원이다.

또 한 번의 겨울은 마을을 바람처럼 불어 지나갈 것이고, 그러면 이 평화로운 마을에는 아무도 모르는 사이 숨을 거두는 몇 구의 시체가 생길 것이다. 첨단 의학의 새로운 발견이 대서특필된 신문을 깔고 자장면을 먹고 난 오후, 사람들은 동네 의원 처방전을 복사할 것을 요구하면서 나와 아옹다옹할 것이고, 혈압약을 먹지 않고도 먹었다고 말하면서 나를 고민하게 만들 것이다. 몇 번인가는 버스가 지소 앞에 서 있을 것이고, 그렇게 해서 조금 늦게 도착한 숲 속의 방에서는 누군가 홀로

누워 소주를 마시면서 무너지고 싶은 기분으로 겨울을 보낼 것이다. 그 겨울 동안 낯선 지식의 장갑을 낀 채 이방인처럼 쓸쓸하게 그들의 죽음을 확인해 주고 싶지는 않다. 그들의 마을에 저녁 무렵 내리는 따뜻한 눈처럼 조용히 스며들고 싶다. '그 양반 참 따뜻한 사람이었지' 그렇게 한 노인의 마지막 삶에 기억되고 싶다. 기름처럼 떠돌던 이방인을 무장 해제 시킨 후, 지식의 헛된 망상을 일깨워 정신적인 망명을 택하게 한 이 오래된 마을. 마을엔 소리도 없이 따뜻한 눈이 내린다. 먼 훗날 이곳을 다시 찾게 된다면 왠지 눈물을 떨구게 될 것 같아 가끔은 마음 한 구석을 내려놓는다.

글쓴이 변재경은 34세의 성형외과 전문의로, 현재 전북 정읍시 칠보면보건지소에서 공중보건의사로 일하고 있다. 그는 이 글로 인해 받은 상이 '잃어버린 것만큼 희망으로 채울 공간이 생겨 있다는 사실'을 자신에게 일깨워줬다고 수상소감에 썼다. 그는 대한민국의 모든 공중보건의사들과 부모님께 수상의 영광을 돌렸다.

병원놀이

의사 초년 시절이던 전공의 1년차 때, 내겐 자칫 영원히 아픔으로만 남을 뻔했던 기억이 있다. 지금도 의사로서 매너리즘에 빠진 모습을 보일라치면 그 기억은 어김없이 나를 채찍질한다.

숨막히는 더위와 수많은 환자와의 전쟁으로 지쳐가던 3년 전 어느 여름날. 언제나 그렇듯 그날도 윗년차 선배에게 한 소리 들었다. 나름대로 철저히 준비했던 아침 회진이었지만 그의 마음에는 차지 않았는지 트집을 잡는 것이었다. 아무 일도 아닌 걸 가지고 얼굴 붉히는 그의 참견이 못마땅했다. 앞으로는 내 방식대로 밀어붙이겠노라 생각하며 병원 복도를 걸어가고 있던 중 전화가 한 통 걸려왔다. 어머니가 아프다는 아버지의 목소리였다. 순간 병동에서 호출을 알리는 삐삐가 짜증스럽게 울어댔고, 난 좀 있다 다시 전화하겠다는 말을 남기고 아버지와 통화를 끝냈다. 그리고는 다시 병원 일상으로 돌아갔고 아버지와의 약속은 잊고 있었다.

아버지가 다시 전화를 건 것은 다음날 오전이었다.

"참, 어머닌 좀 어떠세요?"

평소에도 그리 건강한 편은 아니었기에 이번에도 가볍게 생각했는데, 아버지의 대답은 예상외였다. 벌써 동네 의원에서 처방한 약을 복용하고 있는데도 계속 악화되는 것이 걱정돼 내게 전화했다는 것이다. 마침 그날은 오프(off)날이었다. 일주일만에 집에 가 보니 어머니 얼굴은 병원에서 늘 보아오던 환자의 얼굴과 닮아 있었다. 얼굴 곳곳에 자리잡은 굵은 주름과 안와(眼窩) 속 깊이 패여 있는 두 눈, 그리고 헝클어진 회색 머리칼들. 한눈에도 그 병고를 짐작할 수 있었다. 며칠째 두통과 전신 근육통으로 식사까지 제대로 못한 상태였다.

기본적인 문진과 이학적 검사를 해보니 뇌막염이나 뇌출혈은 아닌 듯 보였지만 혹시나 싶어 집 근처 2차 병원으로 가서 뇌 단층 촬영을 했다. 다행히 별 이상은 없었다. 두통에 관한 의학 서적을 뒤적였다. 흔히 보는 긴장성 두통이나 편두통 증상도 아니었다. 그러던 중 신문 한구석에 실려 있는 단신처럼 책 끝에 간단히 소개돼 있는 질환이 눈에 들어왔다. 바로 '측두 동맥염'이었다. 책 내용과 어머니 상태를 비교해보니 좌측 측두골 주위의 감소된 맥박과 그 주위의 압통점, 그리고 전신 근육통에 66세 여자라는 소견이 비슷했다. 그리 흔한 질환이 아님에도 불구하고 그러한 유사점은 진단을 측두 동맥염 쪽으로 몰아가고 있었다. 더 자세한 정보를 얻기 위해 다른 전공 서적과 인터넷으로 저널 등을 찾아봐도 한결같이 어머니 증상과 흡사해 보였다. 확진을 위해선 조직 검사와 적혈구 침강 지수 검사가 모두 필요했지만 일단 채혈만 한 채 근처 병원으로 달려가 적혈구 침강 지수를 검사했다. 한 시간 남짓 후 정상수치의 두 배 정도 상승을 보인 결과가 나왔고, 나는 성급하게 측두 동맥염임을 단정지어 버렸다. 치료시기를 놓치면 실명까지 될 수 있는 질환이기에 초조해졌지만, 한편으론 이런 드문 병을 내 자신이 진단한 것에 대해 묘한 뿌듯함이 느껴졌다. 그래서인지 약만 제대로 복용하면 굳이 입원치료까지 할 필요는 없을 것이란 생각마저 들었다.

다음 날 오전 병원으로 찾아 온 아버지에게 이미 처방해 놓은 약(프레드니솔론) 보름치를 건네주었다. 그렇지만 과량 복용시 심각한 부작용을 초래할 수 있는 이 약을 일년 이상이나 복용케 하는 것이 걸렸고, 또한 그렇게 많은 용량을 오랫동안 써본 경험도 없었기에 두려운 마음이 생겼다. 게다가 상대는 나의 어머니가 아닌가.

'혹시 측두 동맥염이 아니면 어쩌지? 조직 검사도 안 했는데 정말 맞을까? 다시 검사를 해봐야 되나?'

'아니야, 내 생각이 맞을 거야. 적혈구 침강 지수도 높게 나왔고 증상도 책하고 똑같은데 뭘!'

머리 속에서는 갈등했지만 결국 내 판단을 믿기로 했다. 하지만 약물 복용 후 일주일 안에 좋아져야 하는 증상이 열흘이 다 되도록 변화가 없었다. 오히려 날 비웃기라도 하듯 전신 부종과 불면증, 속쓰림 등의 부작용(프레드니솔론은 스테로이드의 일종인데, 스테로이드를 장기간 복용할 경우 여러 가지 부작용이 발생하므로 주의를 요한다)이 나타나기 시작했다. 그리고 내게도 새로이 조바심이라는 증상이 생겨났다.

'왜 이렇지? 좋아져야 되는데. 괜찮아질 거야. 조금만 더 기다려 보자. 조금만 더….'

그렇게 자위하며 또 며칠이 지났지만 여전히 나아질 기미는 보이지 않고 부작용만 점점 더 심해졌다. 그러는 사이 어머니 얼굴은 완전히 다른 사람이 돼 있었다. 선 굵던 주름은 어느덧 부어오른 살로 채워져서 마치 주름 제거 수술을 받은 것처럼 희미해 보였고, 깊이 팼던 두 눈은 눈동자가 보이지 않을 정도로 변해 있었다.

결국 제대로 몸을 가누기도 힘든 상태가 돼서야 어머니는 아버지와 함께 택시를 타고 병원으로 왔고 그제야 내가 무슨 짓을 했는지 깨달았다. 다급한 마음에 신경과 진료를 받게 했다. 측두 동맥염은 아니지만 현재 상태로는 입원해서 검사해 보는 게 좋겠다는 신경과 과장의 말에 내 자신이 한없이 초라하게 느껴졌다. 의사로서, 아들로서, 어머니 앞에서 고개를 들 수가 없었다.

죄책감과 자괴감으로 서둘러 진료실을 도망쳐 나와 입원 원무과 앞으로 터벅터벅 걸어가고 있을 때 누군가 내 손을 잡았다. 어머니였다. 마치 흠씬 두들겨 맞고 KO패 당한 권투 선수처럼 퉁퉁 부어 있는 두 눈을 보니 눈물이 핑 돌았다. 어머니는 그런 상태에서도 애써 나를 위로하려는 듯 미소지으며 말했다.

"애야. 난 네가 치료해 줬으면 좋겠다. 나에 대해 가장 잘 아는 의사는 네가 아니냐."

'무슨 소리를 하는 겁니까? 지금 내가 당신을 이렇게 만들었는데 도대체 무슨 소리를 하는 거냐구요?'

촉촉이 젖은 내 눈은 이렇게 말하고 있었지만 아무 말도 할 수가 없었다. 어머니의 손을 뿌리친 후 입원 수속을 밟았다.

"난 괜찮다. 아무렇지 않아."

"뭐가 괜찮아요? 온 몸이 다 엉망이면서."

어머니를 질책하는 듯한 나의 말에 주위 사람들의 고개는 일제히 나를 향했다. 마치 모든 것이 나 때문에 벌어진 일임을 알고 있는 듯한 눈빛으로.

어머니를 신경과 병실로 안내한 후 바로 가정의학과 과장에게 어머니의 입원 사실과 지난 2주 동안의 일을 보고했다. 내 얘기를 다 들은 후 과장은 말했다.

"자네가 계속 어머니 주치의를 해보는 게 어떤가?"

"네? 하지만 저는 ….."

"자네 기분도 이해는 하지만 잘 생각해 봐. 자네가 의사라면 정말로 뭐가 어머니에게 부끄러운 건지 말이야."

과장실에서 나와 계단 구석에 주저앉아 한동안 멍하니 생각했다. 참다운 의사가 되기 위해 고민했던 6년간의 의대생활과 내가 생각하던 이상과 너무나도 다른 의료현실에 방황했던 인턴 시절, 하지만 그 안에서 시나브로 타성에 젖어들어 가고 있는 지금 모습. 내 생각이 옳다고만 믿으며 강한 척 하지만 실제로는 자신이 벌여놓은 일조차 두려워 회피할 곳부터 찾고 있는 나약한 모습이 그려졌다. 그랬다. 그것이었다. 내가 정작 어머니에게 부끄러워해야 할 것은 제대로 알지도 못하고 함부로 약을 쓴 사실도 아니고 고용량의 약으로 부작용을 유발시킨 일도 아니며 뒤늦게 병원에 오게 한 것 또한 아니었다. 그것은 바로 상처 입는 것이 두려운, 자신 없는 내 모습이었다. 인정하기 싫었지만 그것은 사실이었다.

앉아 있던 자리를 툭툭 털어버리고 다시 입원 원무과로 향했다. 그리곤 의국으로 가서 어머니를 위한 가운과 청진기, 문진 작성표 등을 준비했다. 병실로 발을 들여놓고는 내가 주치의라고 멋쩍은 웃음을 지어 보이니 어머니는 뜻밖이란 표정이었지만 이내 미소를 띠며 내게 말했다.

"잘 부탁드립니다. 선생님."

그날부터 어머니 이름은 다른 환자와 마찬가지로 내 환자 명부 한쪽에 채워졌고 진단적, 치료적 계획을 잡은 후에 절차에 따라 여러 가지 일들이 일률적으로 진행됐다. 그리고 며칠 후 여러 검사 결과를 종합해서 '섬유 근통'이란 다소 생소한 진단을 내릴 수 있었다. 낮에는 주치의로 밤에는 보호자로 이중생활을 하는 시간이 길어질수록 약물 부작용도 점차 호전됐고 첫 증상이었던 두통과 근육통도 조금씩 좋아졌다.

퇴원 전날 밤, 불 꺼진 병실에서 잠들어 있는 어머니의 모습을 보았다. 무대 위 모노드라마 속 연극배우를 비추는 조명처럼, 이제는 어느 정도 붓기가 빠진 어머니의 감은 두 눈 위로 창틈에서 스며드는 달빛이 고즈넉이 내려앉아 있었다. 조심스레 어머니 곁으로 다가가서 보호자용 침대에 누운 후 그 동안의 일들을 떠올리던 중 나도 모르게 잠이 들었다.

다음 날 예정대로 어머니는 퇴원했다. 택시에 타기 전 어머니는 내 손을 잡으며 말했다.

"고맙습니다. 선생님."

아니다. 그 말은 내가 하고 싶은 말이었다. 누가 자신을 믿어준다는 것은 기분 좋은 일이다. 자신의 존재 의미를 느끼게 해주기 때문일 것이다. 입원하던 날 원무과 앞에서 내 손을 잡던 어머니 마음속에 나에 대한 믿음이 있었는지 없었는지는 모르겠다. 하지만 믿음 유무를 떠나서라도 나를 필요로 했다는 사실이 내겐 더욱 커다란 의미로 자리잡고 있었다. 그로 인해 의사로서의 존재 의미를 회복할 수 있었던 내가 어머니에게 고맙다는 말을 하고 싶었다. 사람은 누구나 실수를 할 수 있지만 그것이 단지 자기 합리화에 묻혀진다면 고난에 대처하는 방법은 회피뿐이라는 명제를 어렴풋이 알 수 있게 해준 선생님에게 고맙다는 말을 하고 싶었다.

어머니를 태운 택시가 굽어진 길로 사라질 때쯤 병동에서 호출이 왔다. 날카롭고 단조로운 기계음이 그때만큼은 나를 부르는 환자들의 목소리처럼 느껴져 신기했다. 나는 호출음의 진원지를 향해 뛰어갔다. 마치 결승점을 향해 뛰는 마라톤 선수처럼.

따사로운 햇살이 이마를 간질이는 일요일 오후다. 거실 소파에서 한가로이 가을날의 여유를 즐기고 있자니 베란다 저편에서 아이들의 목소리가 들려왔다. 거실 창을 열자 제법 시원한 바람이 얼굴을 스친다. 한쪽에서 예닐곱 정도 돼 보이는 꼬마 둘이서 소꿉장난을 하고 있다.

베란다 창틀에 기대 가만히 보니 병원놀이를 하는 듯하다. 의사 역할을 하는 남자아이가 주사기 모양 장난감을 들고 말한다.

"자, 이 주사를 맞으면 병이 다 나을 거예요."

어떤 병인지도 모른 채 주사만 맞으면 다 나을 거라고 믿고 있는 그 아이의 모습을 보니 문득 정확하지도 않은 진단으로 위험한 약을 처방하며 나을 거라고 믿고 있던 3년 전의 내 모습이 떠올라 씁쓸한 미소가 지어졌다. 남자아이가 여자아이 엉덩이에다 주사기를 갖다 대는 시늉을 하자 뭐가 우스운지 서로 까르르 웃어버린다. 그 소리는 오후의 적막을 깨고 하늘 높이 퍼지고 있었다.

글쓴이 이상래는 32세의 가정의학과 전문의로, 현재 경남 사천에서 공군 군의관으로 복무중이다. 그는 의사로서의 삶을 다시 생각하게 해준 어머니에게 감사드린다며, 사랑스런 아내에게 기억에 남을 크리스마스 선물을 하게 돼서(한미수필문학상은 매년 크리스마스 무렵에 수상자가 결정된다) 기쁘다고 말했다.

심사평 _ 1회

사람이 사람을 만난 이야기

수필이란 어떤 것일까. 특정한 형식에 구속되지 않은 매우 자유로운 이 글쓰기 형식은, 그러한 특성으로 인해 한 개인의 체험이 감상을 낳고 다시 그것이 보편적인 사유에 이르는 과정을 가장 솔직하게 드러내는 양식이다. 그럼에도 불구하고 그것이 타인의 가슴과 머리에 가 닿아 공감을 이끌어낼 수 있기 위해서는 남다른 체험이, 자신만이 느끼는 독특한 감상의 결이, 그리고 단단한 사유의 힘이 있지 않으면 안 된다.

총 84편의 투고작 가운데 수상작을 가려내는 일은 무척 힘든 작업이었다. 각각의 작품 속에는 절실하고도 진지하게 추구된 저마다의 가치 있는 체험들이 담겨 있었고, 그것을 표현하는 수준 또한 한결같이 높았기 때문이다. 다소 건조하리라고 생각했던 이른바 '의사들의 글'에 대한 심사위원들의 선입견은 이러한 사태 앞에서 여지없이 깨져버릴 수밖에 없었고, 때로는 감동과 감탄 섞인 놀라움을 수습하고 심사위원 본연의 냉정함으로 복귀해야만 했다. 심사위원 가운데 한 분은 이들 투고작들에 대해 '의사가 바라본 환자 얘기가 아니라 인간이 대하는 인간의 이야기'였다고 말하기도 했는데, 이러한 느낌은 세 명 심사위원의 공통된 것이기도 했다. 오랜 논의 끝에 4편의 작품이 최종 심사 대상으로 선정되었다.

「114병동에서」는 의술이란 것이 얼마나 겁나고 두려운 것인지를 뼈저리게 깨우쳐야만 했던 젊은 시절의 체험을 소재로 삼고 있다. 중환자 병동에 대한 실감나는 묘사도 눈에 띄었지만, 이 수필에서 무엇보다 특징적인 것은 '나'의 오판에 의해 결국 환자가 사망에 이르는 사태를 겪어야만 했던 악몽 같은 체험이다. 비록 그 환자가 그리 오래 살 가망은 없었고, 따라서 전적으로 의사의 책임이라 하기는 어려우나, 어쨌든 이 사건이 한 초년병 의사에게 끼쳤을 평생의 영향을 추측하기란 어렵지 않다. 그 영향으로 인해 형성된 '의학이라는 우울한 이름의 과학에 대한 믿음'은 따라서 추상적인 아닌, 단연 구체적이고도 현실적인 것이다.

「약속」은 중환자실에 실려온 한 인도네시아 여인의 죽음이 소재로 되어 있다. 주말 저녁 여관에서의 화재사건으로 인해 죽음 직전에 이른 여인이 두려운 눈으로 '나'를 바라보며 했던 말은 "살려줘요"라는 한마디였다. 애초에 '나'는 불량한 상상으로 인해 여인을 바라보는 눈길이 거칠었다. 하지만 그녀는 '나'의 상상과는 달리 사고로 크게 다친 친구를 병문안 갔다가 너무 늦고 추워서 근처 여관에서 잠을 자다가 사건을 당한, 착하고 불쌍한 한 인간이었던 것이다. 이 이야기 구조의 반전은 '나'의 의식의 반전에 직접적으로 대응되고 있는 바, 이 과정에서 마련된 자기반성은 우리들 의식의 한 구석을 매우 불편하게 흔드는 깊은 울림을 지니고 있다.

「애흔수술」은 국부에 새겨진 문신 제거 수술의 체험이 불러낸 상상력이 소재로 설정된 작품이다. 이 상상력의 출발점은 자침에 먹을 묻혀 자학의 피를 낸 그 핏구멍에 애정의 영원화를 기구하며 열심히 입묵하였을 남자와 아픔을 참으며 마조히즘적 미학에 몰입하였을 여인의 애흔의식의 정경이다. 이 상상력은 인문적 호기심으로 이어져 주술적 의미의 문신과 형벌로서의 문신, 그리고 전사적(戰士的) 의미의 문신과 최근 미용으로서의 문신 등의 비교사회학적 고찰을 수행하기에 이른다. 상상력의 밀도와 역사적 관심, 그리고 무엇보다 세태에 대한 날카로운 통찰이 돋보였으나, 체험의 자기화 과정이 생략된 점이 약점으로 지적되었다.

「외기러기」는 죽음과 인생에 대한 사유가 젊은 시절의 체험과 결합되어 진한 감동과 여운을 불러일으키는 작품이다. 골절로 인해 수술을 받게 된 할머니가 '나'에게 전한 한마디 부탁, 그것은 아무도 모르게 죽여 달라는 것이었다. '나'가 당황스러울 수밖에 없는 이유는 이중적이다. 왜냐하면 그것은 생의 일부인 죽음까지도 스스로 체험하겠다는 환자의 욕망을 설득해야만 하는 싸움이자, 동시에 인생과 그것의 흐름을 조종하는 보이지 않는 운명의 힘과의 힘겨운 대면인 까닭이다. 인간의 욕망과 운명의 사이에 놓인 틈새, 그 미세한 공간에 삶이라고 부르는 어떤 것의 비밀이 잠겨 있지 않겠는가. 이 작품은 바로 이 문제를 자연스럽고도 철저하게 천착하고 있다.

심사위원들은 수 차례에 걸친 논의 끝에 「외기러기」를 대상으로, 그리고 나머지 세 작품을 우수상으로 결정했다. 「외기러기」가 확보하고 있는 체험과 사유의 균형감이 무엇보다도 돋보였던 까닭이다.

하지만 수상의 여부를 떠나, 글쓰기를 통해 인생의 소중한 체험을 반추하고 그것을 통해 흔들리지 않는 자기상을 마련함과 동시에 세상을 새로운 눈으로 바라볼 수 있다는 것 자체가 의미 깊은 것이 아닐까. 글쓰기 그 자체가 아름답고 소중한 것은 이 때문일 터이다. 거기에는 순수한 기억과 그로 인한 미세한 떨림이 자리잡고 있기 때문이다. 당선자들의 영광에 축하의 박수를, 투고자들의 노력에 아쉬움과 정진의 부탁을, 그리고 좋은 작품들로 첫 수상작을 낸 청년의사 측에는 격려의 덕담을 전한다.

황동규 · 정영문 · 손정수

의사 아닌 인간의 고뇌 돋보여

올해 투고된 작품은 모두 109편. 지난 첫 해의 투고작이 84편임을 감안하면, 무려 25편이나 늘어났다는 사실이 우선 우리들을 기쁘게 했다. 그러나 우리들의 기쁨은 단지 늘어난 작품의 수에 있지 않았다. 작품의 수준·또한 작년에 비해 월등하게 높아졌다는 것이 심사위원들의 공통된 의견이었다. 작품 속에 담긴 경험의 폭이 넓어졌을 뿐만 아니라, 그 경험을 다루는 방식 또한 보다 구체적이었기 때문이다. 특히 올해 투고작에 나타난 뚜렷한 경향은, 의사가 환자와 인간적으로 마주하는 차원을 넘어서서, 환자의 입장에 서서 의사로서의 자신의 존재에 대해 깊이 사유하는, 이른바 존재의 전환에 바탕을 둔 의식의 표현이라는 현상이었다. 우리들이 거기에서 직업인으로서의 의사의 고충이 아니라, 존재론적 상황 속에 던져진 한 인간의 고뇌를 읽을 수 있었다고 한다면 지나친 과장일까. 그렇지 않다는 것이 심사위원들의 공통된 견해였다. 마지막 순간까지 대상 후보로 거론됐던 다음 네 편의 작품들이 그것을 증명하고 있다.

「꼽추물고기」는 노숙자 진료에서 만난 한 임산부의 삶의 이야기를 담고 있다. 금방이라도 무너져 내릴 듯한 두 평 남짓한 쪽방에서 정신마저 온전치 못한 그녀는 새 삶을 간절히 소망하고 있었다. 그러한 본능적인 집착은 등뼈가 절로 굽어질 만큼 삭막한 환경 속에서도 잔인하고도 끈질긴 생명력을 유지하고 있는 꼽추물고기의 모습을 연상시켰다. 그러므로 마침내 그녀가 사내아이를 낳고 해바라기처럼 웃고 있는 장면은 인간의 생명력에 대한 새삼스런 깨달음이자 인간 존재에 대한 새로운 인식을 드러내고 있다고 할 것이다.

「동전 한 닢의 진실」은 시골의 보건지소에서 '500원 짜리' 시골 노인 환자들을 접한 2년간의 체험에 대한 기록이다. 커피 한잔에 삼사천원 하는 세상에서 어쩌면 목숨 값일지도 모를 몇천원이 아까워 안달복달하는 시골 노인들의 모습은 휘황찬란한 도시에서 자란 풋내기 의사에게는 이해하기 어려운 것이었다. 하지만 세상의 이 흔하디 흔한 기준이 모든 사람에게 고루 미치지 않는 사실은 또 하나의 현실이었다. 그러하기에 그들의 궁색한 변명과 가엾은 인생에 대한 반감이 그들의 눈빛과 삶의 애환에 대한 진심어린 이해로 전환되는 장면은 우리에게 깊은 공감을 불러일으키고 있다.

「마음이 따뜻했던 돈」은 40대 후반에 아이를 갖게 된 어느 가난한 부부의 따뜻한 삶의 사연을 그 내용으로 하고 있다. 노산의 어려움 속에서도 하늘이 주신 선물이라 생각하며 차분하게 새 생명을 출산하는 장면도 아름답지만, 미처 수술비를 내지 못하고 퇴원했던 부부가 기억이 희미해질 즈음 찾아와 어렵게 번 오천원 짜리 세 장과 만원 짜리 네 장을 황급히 건네는 대목이야말로 감동이라는 이름에 값할 만한 어떤 뭉클한 느낌을 전해준다. 그것은 돈이라기보다 추운 겨울날 불에 구워 건네주는 따뜻한 돌멩이와도 같은 것이 아니겠는가. 어쩌면 당연할지도 모를 인간에 대한 이러한 믿음이 새삼 고귀하게 느껴지는 것은 부박한 요즘의 세태 때문이 아니겠는가.

「동행」에는 정신병을 앓는 한 환자가 자살한 후 의사가 겪어야 했던 깊은 절망과 회의, 그리고 그로부터 벗어나게 되는 과정이 서술되어 있다. 이 극복의 드라마를 가능케 했던 것은 다름 아닌 환자들의 위로와 격려였다. 불행하고 심각한 장애를 가진 만성정신병 환자들의 삶에 오랜 시간 동행하면서 그들로부터 상처받고 허우적대는 한 인간에게 이 위로야말로 자신의 존재 근거를 확인시켜주는 강력한 힘이 아니었을까. 그러하기에 환자들과 함께 동행하고 있다는 이 자각은 의학의 한계로 인해 느끼게 되는 무기력과 두려움을 넘어설 수 있게 하는 근본적인 힘이기도 하다.

심사위원들은 수 차례에 걸친 논의 끝에 「동행」을 대상으로, 그리고 나머지 세 작품을 우수상으로 결정했다. 「동행」이 확보하고 있는 체험과 사유의 균형감과 억지로 감동을 이끌어내지 않는 자연스러움이 무엇보다도 돋보였던 까닭이다. 내년에는 더욱 넓은 체험과 깊은 울림을 지닌 작품들을 대하게 되리라는 기대감을 당선자들의 영광에 대한 축하와 투고자들의 노력에 대한 격려와 함께 전한다.

황동규 · 정영문 · 손정수

심사위원

† 황동규 〈심사위원장〉

- 시인, 서울대 영문과 교수
- 서울대 및 동대학원 영문과 졸업
- 1958년, 시 '시월', '즐거운 편지', '동백나무' 등으로 등단
- 〈삼남에 내리는 눈(1975)〉, 〈악어를 조심하라고?(1986)〉, 〈몰운대행 (1991)〉, 〈풍장(1995)〉, 〈버클리풍의 사랑 노래(2000)〉, 〈우연에 기댈 때도 있었다(2003)〉 등 11권의 시집과 〈젖은 손으로 돌아보라(2001)〉 등 몇 권의 산문집
- 현대문학상, 이산문학상, 대산문학상, 미당문학상 등 문학상 7회 수상

† 정영문

- 소설가, 번역가
- 서울대 심리학과 졸업
- 1996년, 장편 '겨우 존재하는 인간'으로 등단
- 중편 〈하품〉과 소설집 〈검은 이야기 사슬〉, 〈나를 두둔하는 악마에 대한 불온한 이야기〉, 〈핏기 없는 독백〉, 〈더없이 어렴풋한 일요일〉, 〈중얼거리다〉 등 다수
- 번역서 〈우리는 사소한 것에 목숨을 건다〉, 〈카잔차키스의 천상의 두 나라〉 등 다수
- 1999년, 동서문학상 수상

† 손정수

- 문학평론가
- 서울대 법학과 및 동대학원 국문과 졸업
- 1998년, 조선일보 신춘문예로 등단
- 평론집 〈미와 이데올로기〉
- 이론서 〈개념사로서의 한국근대비평사〉, 〈텍스트의 경계〉 등

발 간 사

이 책은 28명의 의사들의 수기를 묶은 것으로, 신문 〈청년의사〉가 주최하고 한미약품(주)이 후원한 '한미수필문학상' 공모에서 상을 받은 작품들이다. 한미수필문학상은 '의사가 자신이 진료한 환자를 소재로 쓴 수필 ' 중에서 우수한 작품을 뽑는 행사로, 2002년부터 시작되어 지금까지 2회에 걸쳐 진행됐다.

〈청년의사〉는 한국의료의 건전한 발전과 환자–의사간의 신뢰 회복을 희망하는 젊은 의사들이 만드는 신문의 이름이다. 〈청년의사〉는 지난 1992년 창간 이후 7년 동안은 월간으로 발행되었고, 2000년 초부터는 주간으로 발행되고 있다.

〈청년의사〉는 지난 11년 동안 언론사 본연의 역할 외에도 많은 일을 해 왔다. 의사 사회 내부의 개혁을 위해서 전국 순회 포럼을 비롯하여 다양한 사업들을 펼쳤고, 올바른 의료 제도의 마련을 위해 많은 정책적

대안들도 제시해 왔다. 또한 외국인노동자의 의료보장을 위한 사업이나 장기기증운동 등을 통해 의사의 사회적 역할을 강조해 왔고, 청년슈바이처상의 제정과 청년슈바이처아카데미의 설립 등을 통해 한국의료의 미래를 짊어질 의학도들이 더욱 훌륭한 의사로 성장할 수 있도록 격려해 왔다. 아울러 출판사업과 대국민 기획사업들을 통해 건전한 의료문화의 창달을 위해서도 힘써 왔다.

한미수필문학상의 제정도 환자-의사간의 신뢰 회복을 위한 노력의 일환이다. 의사들에 대한 국민의 신뢰가 땅에 떨어진 데에는 의사들의 책임도 크겠지만, 의료의 본질적 성격이나 우리 의료 시스템의 특성을 국민들이 잘 이해하지 못해서 그 불신의 골이 깊어지는 경향도 있다.

의사들을 억지로 변호할 생각은 없다. 하지만, 우리는 이 책에 등장하는 많은 의사들의 모습이 우리 의사들의 그야말로 '평균적'인 모습이라고 생각한다. 환자의 고통에 함께 힘겨워하고 환자의 쾌유에 함께 기뻐하는, 환자가 죽으면 그 환자의 무덤을 자신의 가슴속에 만들고 자신이 만난 모든 환자를 자신의 스승으로 삼는, 지극히 평범한 의사들의 '전형적'인 모습이 담겨 있다고 생각한다.

이 책은 심사를 맡은 황동규 시인의 말처럼, '의사가 환자를 만난 이야기'가 아니라 '사람이 사람을 만난 이야기'들이다. 이 책이 각박한 현대를 살아가는 많은 이들에게, 잠시 동안 훈훈한 인간의 온기를 느끼게 할 수 있기를 기원한다.

두 차례의 공모에 참여해 주신 200분 가까운 의사들과, 이 책에 글을 게재한 28분의 의사들, 그리고 어려운 환경 속에서도 묵묵히 환자 진료에 힘쓰고 있는 우리 나라의 모든 의사들에게 감사 드린다. 또한 지금 투병중인 모든 환자와 그 보호자들에게 따뜻한 위로와 격려의 말씀을 전한다. 훌륭한 삽화를 그려 주신 민애수 씨와, 아름다운 표지를 만들어 주신 디자이너 안지미 씨, 본문 디자인을 맡은 김태환 씨에게도 감사 드린다. 또한 심사를 맡아 주신 황동규, 정영문, 손정수 선생과 추천의 글을 써 주신 박완서 선생님께도 감사 드린다. 아울러 '한미수필문학상'이 운영될 수 있도록 지원을 아끼지 않는 한미약품(주)의 관계자 여러분께 가장 큰 감사의 뜻을 전한다.

2003. 9

신문 〈청년의사〉 발행인 이왕준

유진아, 네가 태어나던 해에 아빠는 이런 젊은이를 보았단다

엮은이 | 청년의사 편집국
(editor@fromdoctor.com)

발행인 | 이왕준
출판감독 | 박재영
삽화 | 민애수
디자인 | 김태환
표지 디자인 | 안지미

출판등록 | 1999년 9월 13일 제11-195호
발행일 | 2003년 9월 5일 제1쇄 발행

(주)청년의사
주소 | 121-843 서울시 마포구 성산동 53-2 우성빌딩 3층
전화 | (02) 2646-0852
FAX | (02) 2643-0852
전자우편 | webmaster@fromdoctor.com
홈페이지 | www.fromdoctor.com

The Korean Doctors' Weekly

ISBN | 89-952237-7-4
정가 | 9,000원